时代印记

王志艳◎编著

朱元璋

延边大学出版社

图书在版编目（CIP）数据

寻找朱元璋/王志艳编著.—延吉：延边大学出版社，2013.8(2020.7 重印)

ISBN 978-7-5634-5898-1

Ⅰ.①寻… Ⅱ.①王… Ⅲ.①朱元璋（1328～1398）—传记—青年读物②朱元璋（1328～1398）—传记—少年读物 Ⅳ.① K827=48

中国版本图书馆 CIP 数据核字 (2013) 第 209662 号

寻找朱元璋

编著：王志艳
责任编辑：李　宁
封面设计：映像视觉
出版发行：延边大学出版社
社址：吉林省延吉市公园路 977 号　邮编：133002
电话：0433-2732435　传真：0433-2732434
网址：http://www.ydcbs.com
印刷：唐山新苑印务有限公司
开本：690×960　1/16
印张：11 印张
字数：100 千字
版次：2013 年 8 月第 1 版
印次：2020 年 7 月第 3 次印刷
书号：ISBN 978-7-5634-5898-1
定价：29.80 元

前言

历史发展的每一个时代，都会有对后世产生巨大影响的人物，都会有推动我们前进的力量。这些曾经创造历史、影响时代的英雄，或以其深邃的思想推动了世界文明的进步，或以其叱咤风云的政治生涯影响了历史的进程，或以其在自然科学领域中的巨大成就为人类造福……

总之，他们在每个时代都留下了深深的印记，烙上了特定的记号。因为他们，历史的车轮才会不断前进；因为他们，每个时代的内容才会更加精彩。他们，已经成为历史长河的风向标，成为一个时代的闪光点，引领着我们后人走向更加深邃的精神世界和更加精彩的物质世界。

今天，当我们站在一个新的纪元回眸过去的时候，我们不能不提起他们的名字，因为是他们改变了我们的世界，改变了人类历史的发展格局。了解他们的生平、经历、思想、智慧，以及他们的人格魅力，也必然会对我们的人生产生深刻的影响。

为了能了解并铭记这些为人类历史发展做出过巨大贡献的人物，经过长时间的遴选，我们精选出一些最具影响力、最能代表时代发展与进步的人物，编成这套《时代印记》系列丛书，其宗旨是：期望通过这套青少年乐于、易于接受的传记形式的丛书，对青少年读者的成长产生潜移默化的影响，使他们能够从中吸取到有益的精神元素，立志奋进，为祖国、为人类作出自己的贡献。

前言

    本套丛书写作角度新颖，它不是简单地堆砌有关名人的材料，而是精选了他们一生当中最富有代表性的事迹与思想贡献，以点带面，折射出他们充满传奇的人生经历和各具特点的鲜明个性，从而帮助我们更加透彻地了解每一位人物的人生经历及当时的历史背景，丰富我们的生活阅历与知识。

    通过阅读这套丛书，我们可以结识到许多伟大的人物。与这些伟人"交往"，也会进一步提高我们的思想品格与道德修养，并以这些伟人的典范品行来衡量自己的行为，激励自己不断去追求更加理想的目标。

    此外，书中还穿插了许多与这些著名人物相关的小知识、小故事等。这些内容语言简练，趣味性强，既能活跃版面，又能开阔青少年的阅读视野，同时还可作为青少年读者学习中的课外积累和写作素材。

    我们相信，阅读本套丛书后，青少年朋友们一定可以更加真切、透彻地了解这些伟大人物在每个时代所留下的深刻印记，并从中汲取丰富的人生经验，立志成才。

导 言

Introduction

明太祖朱元璋（1328—1398年，1368—1398年在位），字国瑞，原名朱重八，曾用兴宗之名。中国古代著名的政治家、军事家，大明帝国的开国皇帝，被世人誉为"布衣皇帝"。他结束了元朝末年战乱频仍的时代，建立了大明帝国，为稳固中华民族的大一统局面作出了卓越的贡献。

朱元璋出身寒微，祖上皆是贫无立锥之地的农民，其父辗转多地，最后才在钟离定居下来。因此，朱元璋的少年时期过得非常艰苦。为了填饱肚皮，朱元璋曾给地主家放过牛，到庙里当过和尚，外出讨过饭。这些经历让朱元璋深深地体会到了贫苦农民的艰辛，也使他养成了嫉恶如仇的性格。

各地农民起义爆发后，朱元璋离开寺庙，加入到农民起义军的行列之中。在军中，他凭借出色的指挥和领导才能，很快脱颖而出，得到起义军首领郭子兴的重用。但朱元璋并不满足于此，因此在获得高位之后不久便果断地离开郭子兴，创建了"滁阳一旅"。

此后，目标远大的朱元璋如鱼得水，攻和州、占集庆，并采纳了儒生朱升的建议，"高筑墙，广积粮，缓称王"。如此一来，他不但积蓄了强大的军事力量，还避开了元朝统治者的打击，为后来逐一歼灭陈友谅、张士诚等地方割据势力奠定了基础。

登上皇帝的宝座之后，朱元璋积极借鉴元朝灭亡的历史教训，采取了轻徭薄赋、于民休息、民族平等的政策，深得民心。经过数年的发展，明朝经济繁荣，社会安定，各国纷纷来朝，史称"洪武之治"。

不过，这位伟大的帝王在造福于百姓和后世的同时，也留下了不小的争

议。建国后，他为保住大明江山，或借肃贪之名，或以逆反之罪，几乎杀光了所有的开国功臣，在历史上留下了血腥的一页。

　　本书从朱元璋的少年时期写起，一直追溯到他所建立的大明江山，再现了这位中国古代杰出军事家、政治家、"布衣皇帝"具有传奇色彩的一生，旨在让广大青少年朋友了解这位大明开国帝王不平凡的人生经历，并从中汲取他那种坚强、乐观、勇敢的精神以及严苛、甚至带有血腥的治国策略，同时也对他的是非功过进行辨证的认识。

目 录
contents

目录

第一章　贫苦出身

> 太祖以聪明神武之资，抱济世安民之志，乘时应运，豪杰景从，戡乱摧强，十五载而成帝业。崛起布衣，奄奠海宇，西汉以后所未有也。

> ——（清）张廷玉

（一）

元朝是中国历史上第一个由少数民族建立的大一统帝国。元王朝的建立，结束了自唐朝末年以来形成的南北对峙、五六个民族政权长期并存的分裂局面，推动了多民族统一国家的巩固和发展。但是，随着蒙古统治者入主中原，北方游牧民族落后的生产方式也极大地冲击了中华文化，对中华民族的生存和发展产生了一定的负面影响。

在民族政策方面，元王朝的统治集团从立国之初就开始实施民族歧视、压迫政策。统治者把国人分为四等：第一等为蒙古人，第二等为色目人，第三等汉人，第四等为南人。

其中，色目人主要指最早被蒙古征服的西域各少数民族；汉人是指淮河以北原金国境内的汉、契丹、女真等族，以及较晚被蒙古征服的四川、云南居民；南人则是指原南宋境内的各族人民。

　　四等人的政治地位各不相同，蒙古人最高，色目人次之，南人最为低下。元朝统治者曾经规定：杀蒙古人的偿命；杀色目人的罚黄金40巴里失（一巴里失大概折合二两银币）；而杀死一个汉人，只要缴一头毛驴的价钱就可以了。后来，统治者甚至进一步规定，蒙古、色目人打汉人、南人，汉人、南人只许挨打，不许还手。

　　与民族歧视政策相对应的，是统治集团在全国范围内实施的严格的等级制度。他们将全国百姓分为十个等级，分别为：官、吏、僧、道、医、工、匠、娼、儒、丐。在这种分级体系下，中国传统社会中最受尊敬的知识分子竟然沦落到了连娼妓都不如的地步，仅仅胜过乞丐。但"喇嘛""番僧"却有着至高无上的特权，他们不但不用缴纳赋税，还可以随意侵占百姓的财产和妻女，甚至干预司法。

　　在一个统一的多民族国家里，统治者不想办法促进民族融合，反而实施民族歧视和等级政策，这无疑会加重各民族、各阶层之间的矛盾，从而动摇蒙古族的统治基础。

　　在经济方面，蒙古族落后的游牧经济模式也严重地摧毁了中原地区的农业文明。蒙古贵族和军官们经常跑马圈地，将大量肥沃的农田占为牧场。汉族官僚、地主也乘势侵占农民的土地。一时间，富者家资巨万，占地数千亩，而贫者则无过夜之粮和立锥之地。大量的失地农民沦为奴隶或农奴，成为统治者的私产，可以被任意买卖，甚至杀害。

　　在财政方面，元朝的苛捐杂税也多如牛毛。除了正常的赋税和向地主缴纳的地租之外，农民们承担的其他赋税在今天看来简直就是莫名其妙。当时，凡是最高统治者或地方管理能想出来的科目，都能用来征收杂税，如：过节要收"过节钱"、干活有"常例钱"、打官司有"公事钱"，就是待在家里什么也不做也要向政府缴纳"撒花钱"。繁重的苛捐杂税致使绝大数农民都一贫如洗，家徒四壁。

与此相对立的是，统治集团不思将取之于民的财富用之于民。统治者奢侈腐化成风，蒙古皇室和地方官员往往将从民间搜刮来的民脂民膏用于毫无节制的岁赐（赏给蒙古贵族的礼物）和"作佛事"（用于修建寺庙和僧人的日常开支），以致国家财政经常支绌，"朝廷未尝有一日之储"。

元朝统治集团还严格控制色目人、南人的社会活动和日常生活。政府将每20家编为一"甲"，"甲主"由蒙古贵族担任。这20家人全是甲主的奴隶，其服饰、饮食，甲主可随意索取，女子、财产也可随心占用。在甲主控制下，南人不能打猎，不能持有兵器，不得集会拜神，不得学习拳击武术，不得赶集、赶场，甚至不能走夜路。

上述这种种状况，加上统治集团内部的权力斗争愈演愈烈，以及连年不断的风雪水旱之灾等，大元王朝建立后仅仅50年就走到了穷途末路。

到元天历年间（1328—1330），社会经济已经接近全面崩溃的边缘。一时之间，民生凋弊，饿殍遍野，甚至连蒙古族百姓也日益贫困，纷纷沦为奴婢。

（二）

俗话说，"哪里有压迫，哪有就有反抗"。在元朝不足百年的统治时间里，各地的反抗斗争此起彼伏，从未断绝。据史书记载，仅仅江南一地就爆发过200余起农民起义。虽然大多数农民起义都被元朝统治者镇压下去了，但这些斗争却拉开了元朝灭亡的序幕。

天历元年（1328）9月18日，元朝的掘墓人终于在濠州钟离县东乡（今安徽省凤阳县小溪河镇金桥村）诞生了。他就是日后叱咤风云、推翻腐朽的元朝统治的明太祖朱元璋。

在历史上，许多杰出人物的出生都会被蒙上一层神秘的色彩。作为明朝的开国皇帝，朱元璋自然也不例外。

据《明史》记载，朱元璋的母亲陈氏刚刚怀上朱元璋时做了一个梦，梦到神仙给了她一粒仙丹，这粒仙丹在她的手掌上闪闪发光。陈氏看着看着，情不自禁地将其吞了下去。吃了那粒仙丹之后，陈氏便觉满口余香，迷迷糊糊地睡着了。

等到朱元璋出生那天，朱家的小茅草屋里突然满室红光，犹如仙境。自此之后，朱家周围一连数夜都有红光升起。当时人烟稀少，百姓住得比较分散。邻居们远远望去，都以为朱家发生了火灾，慌忙提着水桶去救火。但等到他们跑到跟前，红光又突然不见了。

这段记载当然是无稽之谈，是史官们为了神话朱元璋和加强君权神授的观念而捏造出来的。以今天的观点来看，朱元璋出生之时应与当时的大多数贫苦百姓的子弟没什么差别。

朱元璋的祖上世居沛县（今江苏省沛县），后迁句容（今江苏省句容市），世代以务农为业。宋末元初，朱元璋的祖父朱初一被官府定为淘金户。

顾名思义，淘金户就是以淘金为生的百姓。但令人不解的是，句容并不产金。由此可见，当时的政府对百姓的压迫到了何种程度。为了向政府缴纳黄金，朱家不得不每年花费大量的金钱从外地购买黄金。久而久之，朱家不堪重负，终于破产。

元朝至元二十六年（1289），朱初一被逼无奈，只得带着家人北逃到泗州（古地名，辖地大概在今天安徽省泗县、天长、明光，江苏省盱眙、泗洪一带）盱眙县津律镇（今安徽省明光市津里镇）一个名叫孙家岗的小村庄定居下来。

泗州位于淮河边上，湖泊众多，遍地沼泽，人烟相对稀少。历史上，这里曾经有大片的无主荒地。孙家岗位于沼泽地的边缘，正是开荒的好地方。朱初一带着家人，在沼泽地上辛苦劳作了几年，终于置办了一些田产，并给两个儿子朱五一和朱五四娶了亲。

朱五四娶的是陈家的二女儿，即陈氏，人称陈二娘。从朱初一、朱五一、朱五四、陈二娘这些姓名可以看出，当时普通的名字大多与数字相关。那么，当时的百姓为什么都以数字为名呢？

这一点在史学界一直颇有争议。一部分历史学家认为，元朝规定，没有职权、没有地位、没有读过书的普通百姓不准起名字，只能以排行或出生时父母年龄相加所得的数字为名。另一部分历史学家则认为，以数字为名可能是宋、元时期的一种社会风俗，而不是朝廷的强行规定。

持这两种说法的人还分别举了一些例子，都颇有道理，但究竟真相是什么，还有待继续研究，我们只需知道当时的普通百姓大多以数字为名就可以了。

由于时代久远，再加上战乱频仍，史籍记载不详，现在已无法得知陈二娘父亲的名字了，暂且称其为陈公吧。

据说，陈公在南宋朝末年时曾是南宋名将张世杰的亲兵。当年，元兵一路南下，大举侵宋。宋兵不能敌，一路向南逃去。到元朝至元十六年（1279年，南宋祥兴二年），南宋丞相陆秀夫、大将张世杰等人带着幼帝逃到崖山（今广东省新会县南的大海上）。元将张弘范紧追不舍，切断了宋兵输送粮草和淡水的通道。陆秀夫不甘受辱，毅然背着幼帝投海自尽。南宋的忠臣义士闻讯，在绝望之中也纷纷跳海殉国，一时间死者有十余万之多。

张世杰带着十几条船，好不容易才冲出重围，打算重立南宋皇室子弟，恢复国土。不料，众人在平章山（今广东省阳江县西南海上）海域遇到了台风。张世杰溺水而亡，士卒也大多葬身海中。陈公命好，落水后被渔民所救，捡回了一条命。陈公不敢回乡，只得辗转来到盱眙津律镇，靠给人家看风水、画符念咒、合年庚八字为生。

陈公在津律镇扎下根来，成家立业。后来，他们夫妇生下两个女儿。按照当时的习惯，长女被唤作大娘，幼女被唤作二娘。用今天的话来说，就是大丫头、二丫头。大娘成年后嫁给了一个季姓男子，二娘就嫁给了朱五四。

（三）

嫁给朱五四之后，陈二娘便成为陈氏。按照当时的社会习俗，女子出嫁之后便没有了名字，姓前冠上夫姓，被称为某某氏，非正式场合则只称自己的姓，称某氏。这是封建社会女子的宿命，即所谓的"在家从父，出嫁从夫，夫死从子"。

朱初一辛苦了一辈子，终于为两个儿子娶了亲，但他也走到了生命的尽头。老人去世之后，元朝的统治愈加残酷，地主老财的剥削也越来越重，朱家又迅速败落，朱氏兄弟的生活再次陷入窘境。兄弟俩一商量，既然在盱眙这个地方待不下去了，那就继续逃荒吧。

逃荒在古代是一件很平常的事。每当某地遇到天灾人祸，寻常百姓生活不下去了，就会举家迁徙，到别地就食。就历史进程而言，逃荒的集体行动是一个社会的缩影，说明百姓的生活十分窘迫。就家庭和个人而言，逃荒无疑是一种凄凉而又悲壮的选择。

长兄朱五一带着家人逃到了濠州钟离，朱五四一家则逃到了灵璧（今安徽省灵璧县）。此时，朱五四夫妇已经生了一个儿子和两个女儿。儿子取名朱重四，两个女儿的名字不可考，大约也是大丫头、二丫头之类的。

俗话说，"天下乌鸦一般黑"。盱眙的地主凶狠残暴，灵璧的地主也好不到哪去。朱五四一家在灵璧生活了几年，日子依然过得困苦不堪。在此期间，陈氏又生下一个儿子，取名为朱重六。

从朱五四两个儿子的名字来看，其名很可能是按照辈分和排行取的。也就是说，在朱重四出生之前，他的大伯朱五一可能已经有了三个儿子，分别为朱重一、朱重二、朱重三。至于朱重四和朱重六之间缺了一个朱重五，可能是朱五一还有一个儿子排在他们中间，占去了这个名字。当然，也可能是本来有朱重五，没养大，夭折了。

朱重六出生之后，家里又多了一张吃饭的嘴，朱五四一家的生活愈发艰难了。不久后，朱五四又带着全家迁到了灵璧东边不远的虹县（今安徽省泗县）。与上一次逃荒到灵璧一样，朱五四夫妇在虹县很快又过不下去了。此时，他们又多了一个儿子——朱重七。

到朱五四40多岁时，一家人又迁到濠州钟离东乡。朱五四这次逃荒的原因应该和上两次一样，但为什么会选择钟离东乡呢？推想可能是去投靠他的兄长朱五一。举家迁徙到一个人生地不熟的地方并不容易，能有个亲人在那里照应，生活相对要好过一些。

朱五四很能吃苦，因此一家人在钟离东乡渐渐站稳了脚跟。他向当地的地主租了些地种，又开了一个小小的豆腐店，勉强维持着一家老小的生活。天历元年（1328）9月18日，朱五四夫妇又生下一个儿子，这个孩子就是朱元璋。

朱元璋是家中的老四（当时，女子是不计入兄弟排行的），按堂兄弟排行则是老八，因此朱元璋的最初名字就叫朱重八。

不过，朱重八的降生并没有给朱五四带来多少喜悦。在那个混乱的时代，一个拥有6个孩子的贫民家庭常常是食不果腹，衣不蔽体，朱五四每天都在为一家人的生计奔波。

为了填饱一家老小的肚皮，朱五四和陈氏夫妇日夜劳作，一刻也不敢休息，好歹把6个孩子都养大了。朱重四、朱重六、朱重七和大丫头、二丫头都陆续成了亲。

其中，朱重四和朱重六娶的都是附近佃户人家的女儿。他们的婚礼非常简单，既没有花轿，也没办酒席。后来，朱重四生了两个男孩，朱重六也生了一个男孩。到朱重七该娶亲的时候，朱五四实在拿不出彩礼了，只好让他去给对方当了上门女婿。

大丫头嫁给了一个名叫王七一的人。从这个名字也可以看出，王家也不是什么富贵人家。二丫头嫁给了一个名叫李贞的男人。李贞是盱眙人，可能是和二丫头定了娃娃亲，所以二丫头就从钟离嫁回了盱眙。

当时，朱重八还没有到娶亲的年龄，只有八九岁。不过，这个朱重八可够朱五四夫妇操心的了。人们常说，"半大小子吃穷老子"，八九岁的朱重八干不了什么活，也不大懂事，但却非常能吃。常常是饭菜刚一端上桌，就被朱重八风卷残云般地吃了大半。尽管如此，朱重八的肚子还是经常处于饥饿状态，似乎生下来就是为了吃饭一样。

第二章　放牛少年

盖明祖之性，实帝王、豪杰、盗贼兼而且也。

——（清）赵翼

（一）

朱五四一家在钟离东乡住了10年，生活又陷入窘境。这在当时是很正常的事情。一方面，朱家的家族成员不断增多，开支越来越大，他们需要更多的土地才能生活下去；另一方面，地主租给佃户的土地大多不好，但等农民将土地养出来之后，他们便会增加地租，加重剥削。

至元四年（1338），58岁的朱五四又开始谋划搬家的事情了。大家可能已经注意到，上文中已经提到过至元二十六年，即1289年，这里怎么又出现了至元四年呢？这是因为，元朝曾两度使用至元年号，第一次在元世祖忽必烈在位期间，时间跨度从1264年8月到1294年；第二次是元惠宗，即元顺帝在位期间，时间跨度是从1335年11月到1340年。这里所说的至元四年，就是指元顺帝的至元四年。

朱重四、朱重六等人一听父亲又要逃荒，都很赞成。虽然新到一个地方需要经过几年时间的经营才能稳定下来，但毕竟能勉强度日。因为新租的土地虽然比较贫瘠，但地租也能少很多。

就这样，朱五四一家从东乡又迁到了西乡（今安徽省凤阳县临淮镇汤府村附近）。不过，他们这一次没有选对地方。西乡的土地虽然多，地租也便宜，但实在太贫瘠了，根本种不出粮食。无奈之下，朱五四又带着家人在第二年（1339）迁到了太平乡的孤庄村（今安徽省凤阳县城西乡二十营村）。

孤庄村有一个大地主，名叫刘德，占地千亩，十分富有。朱五四从刘德手中租了些土地，又开始苦心经营一家人的生活了。

此时，朱重八已经12岁了。12岁的孩子说大，说小也不小了。朱五四觉得，不能让他整日里闲逛，吃闲饭了。于是，朱五四就和儿子商量说：

"你已经12岁了，不算小了，应该分担一下父兄的负担了。"

朱重八问道：

"父亲想让我干什么呢？"

朱五四想也没想，就回答说：

"放牛，去给东家刘德放牛吧。"

给东家放牛是普通农民子弟的宿命。当时，太平乡的孩子几乎都在给东家放牛。但给东家放牛并没有工钱，只管吃饭。如果干得好，到年底还能分到一套过冬的衣物；如果干得不好，比如丢了牛、死了牛，甚至牛长得不胖，都要受到惩罚，轻则挨骂，重则挨打。

朱重八根本不想去给东家放牛，他想像东家的孩子一样到私塾去读书认字。不过，对他来说，读书认字太奢侈了，可望而不可即。朱重八没办法，只好默默地点了点头。

朱五四叹了口气，转身走出家门，去央求刘德，让儿子给他放牛。刘德的家里牛羊成群，正缺一个放牛的牛倌。但他不会爽快地答应下来，他得让朱五四觉得，朱重八能给他放牛看羊，那是他的恩赐。

因此，刘德看着对自己点头哈腰的朱五四，颐指气使地说：

"这可巧了，家里牛倌的位置都已经安排满了。"

朱五四忙陪着笑脸说：

"东家就开开恩，赏小儿一口饭吃。"

刘德故意叹了口气，仿佛非常同情朱家人似的，缓缓说道：

"也真为难你了，一大家子人就靠那点土地还真不好养活。再说了，这半大的小子吃穷老子。重八这孩子平时吃的可不少吧？"

朱五四尴尬地笑了笑，低声道：

"可不是嘛！不过，他吃得多，也有力气，能干活，绝对能把东家的牛养得膘肥体壮。"

刘德点了点头，终于说道：

"好吧。你养活这么一大家子也不容易，就让重八这孩子来给我放牛吧。不过，咱把话说在前头，我们家过得也不富裕，我只能管他吃饭，可没有工钱。"

朱五四连忙千恩万谢地说：

"东家赏口饭吃就极大的恩赐了，哪还能要工钱呢？"

在刘德的"恩赐"下，朱重八成了刘德府上的一个牛倌，专职负责放牛看羊。每天天刚亮，朱重八就要把牛羊赶出圈，放出去吃草，到天黑再将牛羊赶回圈。日复一日，年复一年，朱重八就过着这样枯燥、乏味的日子，为的就是能够填饱肚子。

（二）

在放牛看羊的过程中，朱重八结识了不少伙伴，其中有汤和、周德兴等人。汤和、周德兴与朱重八的年龄相当，也是给地主家放牛看羊的孩子。他们当时大概也不叫这样的名字，而是和朱重八一样，以数字为名。由于史籍没有记载，现在已无法知道他们的数字名是什么了。

在一群孩子当中，朱重八最会出主意，领着大家玩耍。因此，他自然而然地成了这群孩子中的头领。我国著名的明史专家吴晗在其撰写的《朱元璋传》中这样写道：

"小时候替田主看牛放羊，最会出主意闹着玩，别的同年纪甚至大几岁的孩子都听他使唤。最常玩的游戏是装皇帝，你看，虽然光着脚，一身蓝布短衣裤全是窟窿补丁，破烂不堪，他却会把棕榈叶子撕成丝丝，扎在嘴上作胡须，找一块破水车板顶在头上算是平天冠，土堆上一坐，让孩子们一行行、一排排，毕恭毕敬、整整齐齐地三跪九叩头，同声喊万岁。"

关于朱重八少年时放牛看羊的故事还有很多。据说，朱重八、周德兴、汤和等人在一起放牛，忽然饿了，但天早又不敢提前回家，怎么办呢？朱重八眼睛一亮，计上心头，对众人说：

"当下正是豆子快成熟的时候，何不煮点豆子吃呢？"

众人问道：

"那要怎么才能吃到豆子？"

朱重八站在众人中间，开始分派任务：

"你们几个去偷豆子，你去找瓦罐、打水，你去找柴，你去垒灶。"

众人得了号令，纷纷出动，不一会儿就把东西都置办齐全了。朱重八将豆子放在瓦罐里，架火烧了起来。众人都围着瓦罐，都盼望着豆子能早点煮熟。

豆子煮熟了，众人一哄而上，抢了起来。一不小心，瓦罐被打翻了，汤水全都撒了，豆子也撒了一地。众人都在一旁连叫可惜，只有朱重八默不作声地蹲下来，一粒一粒地捡起豆子放进嘴里。

众人一见，也都哄抢起来。孩子们也顾不上地上的杂草、土块，只顾一把一把地抓豆子，往嘴里送。朱重八一不小心，把红草叶子也吃进了嘴里。红草叶子不但长满了小刺，而且很硬，难以下咽。

红草叶子梗在喉咙口，弄得朱重八连声干咳，痛苦不堪。众人一看，都傻了眼。怎么办呢？这时，旁边的一个小伙伴说：

"把青菜叶子在手上攥成一个小团子，吃下去，就能把红草叶子带进肚子里了。"

朱重八一听，连忙找了片青菜叶子，照法吞了下去，果然将红草叶子带进肚子里了。

据说，朱重八当了皇帝后，有两个当年的小伙伴进京面圣求官。一个人说：

"我主万岁，当年微臣随驾扫荡芦州府，手持勾镰枪，骑着青龙马，打破罐州城，汤元帅在逃，拿住豆将军，红孩儿当关，多亏菜将军。"

皇帝听了这段话，想起了当年的酸甜苦辣，就赏了他一个县吏的官职，并赐黄金百斤。

另外一个伙伴不会说话，一见面就说：

"我主万岁，您还记得吗？从前，我们两个都替人家看牛。有一天，我们在芦花荡里把偷来的豆子放在瓦罐里煮。还没等煮熟，大家就抢着吃，结果罐子被打破了，撒下一地的豆子，汤都泼在泥地里。你只顾从地下满把地抓豆子吃，不小心把红草叶子也一嘴吃进了嘴里，叶子梗在喉咙口，苦得你哭笑不得。多亏有人建议你把青菜叶子攥成小团子一并吞下去，才把红草的叶子带进肚子……"

朱元璋闻言大怒，立即命武士将这个不懂规矩的家伙推出去斩了。

这个故事未必是历史事实，其本意也是要说明讲话艺术的重要性，但也从侧面反映了朱重八少年时代的艰辛生活。

（三）

朱重八不但是孩子王，还很有担当和智慧。一次，朱重八、周德兴、汤和等一群小伙伴突然嘴馋，想尝一尝牛肉的滋味。

周德兴舔舔嘴唇，说道：

"我长了这么大，还没有尝过牛肉的味道呢！"

众人一听，也都颓丧地附和道：

"牛肉是有钱人家吃的，我们哪有这个福气呢？"

汤和看着远处一头正在吃草的牛，坏坏地说：

"也不知道牛肉好不好吃。"

另一个孩子大声说道：

"那还用说？有一次，我在东家的院子里闻到过熟牛肉的香味，那叫一个香呀！"

众人一听，也都垂涎三尺，纷纷问道：

"那是什么样的味道？你给我们说说。吃不到牛肉能知道牛肉的味道也是好的。"

这时，一直站在一旁默不作声的朱重八突然大声说道：

"看看你们这点出息！想不想尝尝牛肉的味道？"

众人齐声答道：

"想啊！"

朱重八嘿嘿一笑，指着远处吃草的牛群说：

"咱们天天给东家放牛，却不知道牛肉是什么滋味，这实在有点说不过去。只要大家听我的，今天保管让你们吃上牛肉。"

众人一听有牛肉吃，都纷纷附和道：

"你尽管吩咐就是了，我们都听你的。"

于是，朱重八领着众人，将一头正在吃草的花牛围起来。孩子们扳脚的扳脚，按牛头的按牛头，瞬间就把一头膘肥体壮的花牛摁倒在地。

周德兴年龄大几岁，力气也比较大，众人都称他为兄。朱重八看了周德兴一眼，周德兴会意，立即抄起一把砍柴斧，不管三七二十一，对着牛脖子就是一斧，生生把牛头砍了下来。

牛被杀死了，众人便在朱重八的带领下，剥皮的剥皮，割肉的割肉，捡柴的捡柴，生火的生火，很快就把牛肉烤熟了。孩子们一面烤一面吃，个个眉飞色舞，兴高采烈。不一会儿，一头大花牛就只剩下一个牛头、一张皮、一堆骨头和一条尾巴了。

这时太阳已经落山，该回家了。众人这才猛然省悟，牛肉是吃到了，也都尝到了牛肉的滋味，但怎么向地主刘德交待呢？众人开始埋怨朱重八起来，说他不该带着大家把牛杀了吃掉。一些胆小的孩子甚至吓得大哭起来。

朱重八一拍胸脯，大声道：

"不用害怕，有什么事情我担着。"

说着，他便吩咐伙伴们把牛皮骨埋了，把牛骨头塞进一道狭小的山缝里。至于牛头和牛尾巴，他则让伙伴们分别插在山缝的两头。

一切准备完毕后，朱重八吩咐道：

"回去就对东家说，牛钻进山缝里出不来了。明天我会领着东家来看，到时候你们要派一个人藏在大石头后面学牛叫。"

众人半信半疑地问：

"这能行吗？"

朱重八咬咬牙说：

"行，一定行。如果东家不相信的话，要打就让他打我吧！"

回到村里后，刘德发现少了一头牛，就责问朱重八。朱重八回答说：

"那牛不知怎么搞的，钻进山缝里出不来了。"

刘德自然不会相信，非要亲自去看。

第二天一早，朱重八就领着刘德来到那道山缝前，指着牛尾巴说：

"你看，牛尾巴露在外面，身子夹在缝隙里了。"

刘德围着牛尾巴看了半天，还是不相信朱重八的话，伸手抓住牛尾巴就往外拽。事先藏在大石头后面的孩子看见刘德在拉牛尾巴，就捏着鼻子学起了牛叫。

突然，刘德把塞在山缝里面的牛尾巴拉出来了，还摔了个大跟头。

朱重八见到，赶紧趁机说：

"你看，牛身体大，被山卡住了，你只拉出了一条牛尾巴！牛一疼，准钻山那边去了。"

说着，朱重八又领着刘德来到了山的那边，结果真的看见山缝里拱出两只角。刘德上前一步，死死抓住牛角，用力往外拉，却只拉出个牛头。

朱重八又叹着气，说道：

"你看，牛还没钻完呢，你就要生拉硬拽，把牛头又拉掉了。这样，牛的身体肯定被山卡住了。牛头掉了，牛准死了。这可不能怨我！"

刘德气得半死，转身回到村子里。琢磨几天后，刘德越想越觉得不对劲，知道这是朱重八在戏弄自己，就狠狠地揍了朱重八一顿，又把他赶了出去。

朱重八虽然吃了些苦头，又丢了饭碗，但却深深地得到了伙伴们的信任。可以说，周德兴、汤和等人对朱重八的臣属关系从这个时候就形成了。

（四）

至正四年（1344），大元王朝迎来了一个转折点。这一年夏季，黄河流域连降20多日暴雨，河水泛滥，冲开了白茅堤（黄河大堤名，在今山东省曹县、东明县之间），平地水深6米多有余。沿岸的房屋、农田瞬间被淹，百姓被淹死者不计其数，活下来的也不得不背井离乡，向外地逃荒。紧接着，金堤（黄河大堤名，在今河南省兰考县北）又决口，沿河郡县无一幸免，皆被洪水所淹，几十万百姓沦为难民。

按理说，黄河决堤，政府应当立即组织人力抗灾抢险，拯救百姓的生命和财产。然而令人诧异的是，这一消息传到京城大都（今北京）时，高层官员中竟然形成了两种截然相反的意见：一种意见认为，应该立即派人去救灾，发动百姓加固黄河大堤；另一种意见则认为，无论如何都不能修黄河大堤。

现在看来，后一种意见简直令人不可思议。朝中大臣为此也分为两个阵营，互相之间勾心斗角，争吵不休，但始终未能达成一致。就这样，治理河患一事就被耽误了。

在黄河泛滥的同时，淮河流域却遭到了罕见的旱灾和蝗灾。钟离位于淮河南岸，首当其冲地遭到了灾害的荼毒。遮天蔽日的蝗虫从龟裂的田地上扫过，吃光了一切能吃的东西。庄稼颗粒无收，甚至连野草、树皮也被蝗虫吃光了。百姓们困苦无依，只能祈求老天早点降下甘霖。

到处都在祈神求雨，祝告龙王爷显神通。百姓们凑钱请了和尚、道士，设了香案、道场，齐刷刷地跪在地上，苦苦哀求上天：

"老天爷大发慈悲，可怜可怜我们这些穷苦百姓吧！多少降点甘霖吧！"

百姓们一连求了许多天，也没见什么动静。天空中依然挂着热辣辣的太阳，连一丝乌云的影子也没有。百姓们像热锅上的蚂蚁一样，急得团团转。

天降灾难，致使百姓们颗粒无收，但政府和地主们却不管这些，依旧像往年一样催租催赋，各种苛捐杂税一样都不少。地主们甚至公开宣称：

"你们种了我的地，就得向我缴租。老天不下雨那是老天的事，又不是我让老天不下雨的；蝗虫吃了庄稼是蝗虫的事，又不是我把蝗虫招来的。"

百姓们敢怒不敢言，只好想尽办法应付政府和无赖的地主们。当把最后一粒粮食交上去后，众人就只好食野草、啃树皮了。开始时，荒郊野外还能找到一些野草或树皮，但很快连草根都找不到了。

百姓们饿得皮包骨头，只能吞食观音土。观音土就是制造瓷器用的高岭土，虽然可以充饥，但却没有任何营养。少量吃一些不至于死人，而且能让人胃里感到充实，驱除饥饿感。但它毕竟是土，吃了以后不消化，腹胀难忍。如果食用时间过长，身体得不到必要的营养，人还是会死。

夏天还没过完，一些年老体弱者便纷纷倒毙在地。人们常说，"大灾之后必有大疫"，何况是在极易滋生病菌的夏季呢！随着一些年老体弱者的去世，一场前所未见的瘟疫开始在淮河流域蔓延开来。

百姓成片地病倒，就像是秋风中的枯叶一样，病一起就挺不住。开始时，病人只觉得浑身无力，接着就是上吐下泻，不到一昼夜就断气了。死人死得多时，一个村子一天就能死几十人。可以说，在整个淮河流域，天天死人，家家死人，以至于尸体遍地，无人掩埋。

活着的人只要能找到门路，便携儿带女，逃往他处，有的甚至连家里的病人都顾不上了。仅仅几十天的时间，淮河流域的村子就空出了许多。一些瘟疫严重的村子甚至成了死村，村子里除了死尸，就剩下四处啃食死尸的野狗了。

第三章　入寺为僧

金玉非宝，节俭乃宝。

——（明）朱元璋

（一）

在灾难来临之际，朱重八一家也未能幸免。不到半个月，家里就死了4口人。4月6日，朱重八的父亲朱五四撒手西归；4月9日，大哥朱重四饿死；4月12日，朱重四的长子饿死；4月22日，母亲陈氏也咽下了最后一口气。

看着家人一个个死去，朱重八顿时乱了方寸，不知如何是好，只是抱着二哥朱重六低声啜泣。他不止一遍地问二哥：

"二哥，父亲、母亲、大哥都死了，我们该怎么办？"

朱重六到底大几岁，承受能力稍微强一些。他擦干眼泪，安慰弟弟说：

"重八，不要哭。我相信，天无绝人之路。眼下最重要的是找块地把父亲、母亲等人安葬了。"

朱重八何尝不知道"入土为安"的道理？可是，他们毫无立锥之地，把这么多亲人安葬在哪里呢？无奈之下，他们只能去求东家刘德，希望他能施舍一块地，让他们兄弟把家人埋葬了。

朱重六带着朱重八来到刘德家，哀求道：

"看在我父母为您操劳多年的份上，就施舍块地给我们，好让他们有个安身之所。"

然而，刘德毫不犹豫地拒绝了两个孩子，而且拒绝的理由干脆利落：

"他们活着的时候给我干活，我可没有让他们白干啊！现在死了就死了，和我有什么关系？再说了，现在到处都在死人，如果每家人都央求我赏块地，我就是把所有地的都舍出去也不够啊！"

朱重六和朱重八没办法，只好垂头丧气地回到家中。兄弟俩你看看我，我看看你，又看看满屋亲人的尸体，终于放声痛哭起来。他们的哭声惊动了左邻右舍。邻居们一个个摇着头，叹着气说：

"朱家兄弟也够可怜的。他们家死了这么多人，连块下葬的地都没有。"

但邻居们也没有办法，他们也没有土地，况且在那个家家死人的年头，他们哀叹自己的处境还来不及呢，哪里还有能力帮助别人！

就在这时，村子里一个名叫刘继祖的老人带着老伴娄大娘来到朱家。关于刘继祖的名字，各种文献记载不一。明代文学家徐祯卿所著的《翦胜野闻》中记为刘大秀，明代无名氏所著的《天潢玉牒》则记为刘继祖。明代文学家沈德符所著的《野获编补遗》则说刘继祖与刘大秀是一个人，继祖是其名，大秀是其字。综合各种文献的记载，沈德符的说法比较全面，也比较可信。

刘继祖的家庭应该比朱家富裕一些，起码不是普通的佃户，因为他有名字，而不是以数字为名。刘继祖来到朱家后，便埋怨朱家兄弟说：

"你们去找刘德干什么啊？这不是自讨没趣吗？为什么不来找大伯呢？"

朱重八啜泣着说：

"侄儿遭此变故，只知道哭泣，哪还有思考的能力？都怪侄儿疏忽，活该受刘德的白眼。"

刘继祖哀叹一声，说道：

"大伯给你们一块地，快把家人葬了吧！俗话说得好，入土为安，总把他们的尸首停在家里也不是个事，得让逝者安息啊！"

兄弟俩急忙跪在地上，磕头拜谢：

"我兄弟俩一辈子都记着大伯的大恩，绝不敢忘！"

刘继祖一边哀叹，一边摇着头走出了朱家。

埋葬的墓地有了，但死者的衣衾、棺木还是没有着落。兄弟俩看着空空如也的茅屋，哀叹道：

"只能委屈父亲和母亲了。"

无奈之下，朱重八只好与二哥一起用几件破烂的衣服把家人的尸首裹起来，抬着向坟地走去。兄弟俩一边走一边哭，好不伤心！

好不容易把尸体抬到了坟地，兄弟俩正准备动手挖坑，突然天空乌云密布，电闪雷鸣，下起了暴雨。雨越下越大，风越刮越猛，兄弟俩只好把父母亲的尸首放在地上，跑到一个大树下避雨。

夏天的雨来得快，停得也快。不一会儿，云散雾开，雨过天晴。兄弟俩急匆匆地跑到坟地去安葬父母。然而等他们来到坟地一看，不禁大吃一惊，尸首竟然不见了！

原来，暴雨下得太急，山洪暴发，冲垮了坟地上方的一大块泥土，恰好把尸首掩埋住，形成了一个小小的土堆，很像一座坟。

兄弟俩见状，跪在地上，向老天磕头，又向父母磕头，哭泣道：

"这是老天可怜我们，帮我们安葬了父母。"

（二）

"死者长已矣"，但生者还得好好活下去。朱五四等人匆匆离世，没有留下一寸土、一颗米，这让朱重八兄弟两人怎么生活呢？如果在平常年月，业已17岁的朱重八倒不用愁吃饭问题。穷人嘛，总归要给东家打工才能有饭吃。但在这灾荒之年，地主们都得缩衣节食才能过下去，谁还会雇人干活呢？

一个下午，朱重八吞了些野草和树皮，不知不觉来到父母坟前。蹲在新长出青草的坟边，朱重八想着该如何填饱肚子。如果在风调雨顺的年景，一家人从地主家里租上几十亩地，勤勤恳恳干活，男耕女织，喂鸡养猪，上山砍柴，沿路捡粪，苦是苦些，但总归能活下去。如果运气好，朱重八过上两年还能娶上一门媳妇。但如今，一家人死去了好几口，这一切再也无法实现了。

对朱重八来说，眼下最重要的就是如何才能填饱肚子。大嫂、二嫂和两个侄儿倒好说，他们还有娘家可以依靠，但二哥朱重六和他却没地方可去。大姐一家已经死绝，嫁给李贞的二姐也在灾荒中死去了，姐夫李贞只身带着外甥保儿逃荒去了，不知去向。三哥朱重七是别人的上门女婿，靠不得。大伯朱五一家也不比他们家强，吃了上顿没下顿，去了一样饿肚子，还得受人家的白眼。至于外公家，就更没办法依靠了。

朱重八想来想去，也没想出自己究竟该投奔谁。这时，二哥朱重六走进来对他说：

"四弟啊，这样下去总不是个办法，我们都会饿死的。"

朱重八无奈地嘟囔一声：

"怎么办呢？"

朱重六叹了口气，说：

"还能怎么办？好歹向东家租上几亩地种，也好对付肚子。"

朱重八叹了气，不解地问：

"我就想不明白，父亲和母亲给东家种了一辈子地，到头来连块坟地都没有。地主从来不种地，却衣食无忧，这是为什么呢？"

朱重六沉默半晌，缓缓说道：

"有什么办法？这就是命啊！"

朱重八说道：

"就算是命，我也得想办法改变这种情况。更何况，就是向东家租了地，我们哪有种子？就算解决了种子的问题，庄稼成熟还得好几个月，我们能不能撑到那个时候都是个问题。"

朱重六也一筹莫展地说：

"那怎么办？实在没有办法的话，我们兄弟俩只能分道扬镳，各自谋生了。"

朱重八顿了顿，只得附和道：

"好吧，实在没办法就分道扬镳吧！"

兄弟俩又吃了好些日子草根、树皮，好不容易挨到了八月。此时，他们已经瘦得皮包骨头了，一阵风就能吹走。如果再这样下去，等待他们的只有死路一条。村上不少青年都外出谋生去了，朱重八小时候的玩伴汤和、周德兴等人也纷纷出走，不知去向。

朱重八也想出去讨生活，但出去之后靠什么吃饭呢？自己食量大，粗重活虽然能干，但却有力无处卖。给刘德放牛时，他倒是抽空到刘家的私塾里偷偷认了几个字，这又有什么用呢？他既做不了教书先生，又当不了衙门里的师爷，更不会写书信文契了。

（三）

就在朱重八一筹莫展之时，同村人汪大娘来到朱家。她见朱家兄弟无计可施，就提醒他们说：

"我记得，你父亲曾经将重八舍给皇觉寺的高彬法师当徒弟。现在既然过不下去了，何不让重八到寺里还愿呢？"

原来朱重八刚出生不久就生了一场怪病，不吃奶，肚子却涨得像个圆球。朱五四夫妇十分着急，不知道该怎么办。后来，据说朱五四做了个梦。梦里，孩子已经病得不省人事，马上就要不行了。迷信的朱五四想，也许只有佛祖菩萨才能救孩子了，索性就把孩子舍给庙里吧。

当时，将孩子舍给寺庙或和尚是一件非常盛行的事。不光贫穷人家，就是富贵人家，遇到孩子三灾五难的，也会把孩子送到庙里，祈求菩萨保佑。当然，有钱人家在还愿时可以花钱为孩子买一个替身，让其在庙里为僧。普通的穷苦人家出不起钱，就只能将孩子养在庙里了。

朱五四就抱着小朱重八来到皇觉寺。当时，皇觉寺还不叫皇觉寺，据说叫于皇寺。于皇寺这个名字也不大可信，大抵和皇觉寺一样，都是在朱重八当了皇帝后，民间对这所不知名的小寺院的称呼。

然而朱五四来到寺院后，在寺院转了半天也没见到一个和尚。没办法，朱五四只好又把孩子抱回家。

就在这时，朱五四突然听到隐隐的哭声，梦也醒了。只见妻子陈氏在一旁兴奋地说：

"他爹，你看，孩子会吃奶了。"

朱五四大喜过望，遂把刚才的梦对妻子说了一遍。两口子跪在地上，磕了三个响头，连声念道：

"都是菩萨保佑，都是菩萨保佑！"

几天之后，朱重八的肚子消了下去，病也好了。就在这时，皇觉寺的僧人高彬来到孤庄村化缘。朱五四和陈氏一商量，就把朱重八舍给了高彬当徒弟。

关于朱重八舍身为僧的传说还有很多版本，但大抵都是说他身体不好，才被父母舍到皇觉寺的。出入较大的唯有他舍身为僧的时间，有的版本说他出生后不久就被舍到庙里了；还有的版本说，他是长大之后才被舍到庙里的。总之，不管朱重八是何时被舍到庙里的，他曾舍身为僧应该是历史事实。

朱重八听到汪大娘的提醒，恍然大悟。对呀，何不到庙里去混口饭吃呢？

皇觉寺坐落在孤庄村的西南角，规模不大，房屋破落，香火也不兴盛，里面的八九个和尚也只会"阿弥陀佛"，混口饭吃。但不管怎样，和尚在当时还是享有一定特权的。每家寺庙都有一些田产，可以将地租给农民收租。再加上和尚们经常给村里人念经消灾，做佛事超度亡灵挣点小钱，日子比普通百姓过得舒服多了。

于是朱重六就对弟弟说：

"到庙里去也是一个选择，一来可以帮父母还了这个愿，二来也可以混口饭吃。你就去吧！"

朱重八摸摸自己脑袋上的头发，狠狠心说：

"当和尚总比饿死好！"

汪大娘笑着说：

"阿弥陀佛，救人一命胜造七级浮屠啊。"

朱重八尴尬地笑了笑，又对汪大娘说：

"大娘，您做好事就做到底。我兄弟二人连吃的东西都没有了，更没钱置办香烛、买东西孝敬师傅了。您就可怜可怜我这苦命的孩子，施舍些香烛和礼物给我吧！"

汪大娘家虽然也不富裕，但还是要比朱家好些。她回家和儿子汪文商量之后，就替朱重八预备了香烛和一点礼物，央告了高彬法师。

就这样，朱重八在九月里的一天来到皇觉寺，剃了光头，穿上一件师父赏的破衲衣，当起了小沙弥。

（四）

史书上没有多少关于高彬的记载。在一些民间传说中，高彬不是什么善类，他贪婪、狡猾。他之所以收朱重八为徒，主要是看中了年轻力壮的朱重八能够给寺院干活。

元朝时期，寺庙拥有的田产为历代之最。但令人诧异的是，元朝的和尚根本不守清规戒律，与常人一样，可以喝酒吃肉，可以娶亲生子，自然也可以做生意。也就是说，和尚不过是剃了头的地主而已。

在这种情况下，几乎所有的寺庙都需要劳力来干活。收一个年轻力壮的徒弟，只需要给他点饭吃就可以了，不给工钱，自然比雇民工强。据《明史》记载，朱重八生得人高马大，方脸阔面，皮肤黧黑，下巴比上颚长出一寸多，高颧骨，大鼻子，大耳朵。在常人看来，这种相貌的男子是很丑的。不过，因为朱重八后来当了皇帝，《明史》自然不会说他相貌丑陋，而是说他"姿貌雄杰，奇骨贯顶"。

朱重八虽然丑，但有的是力气。进入寺院后，高彬就分派给他一些粗重的杂活。除此之外，他还要兼任清洁工、仓库保管员、添油工等。在那些和尚喝酒吃肉时，他还要擦洗香客踩踏的地板。为了能多分到一碗饭，朱重八极力克制着自己的脾气，尽心尽力地干活。即使这样，他还经常挨骂。

朱重八经常憋着一肚子气没处撒。他不敢对活人发作，只好对泥菩萨发作了。有一天，朱重八打扫完佛殿，想起师父和师兄们平日里的恶言恶语，心里很不舒服。当他扫到伽蓝殿时，一不小心绊到了伽蓝神的石座，跌了一跤。朱重八气愤至极，爬起来，顺手抄起扫帚使劲打了伽蓝神一顿。

又有一天，大殿上供奉的红蜡烛被老鼠啃坏了。师父发现后，便数落了朱重八一顿。朱重八心里难过，便来到伽蓝殿里，对着泥菩萨说：

"伽蓝神啊，佛祖要你管殿宇，你却连老鼠都管不住，害得我这个小沙弥挨骂。你该当何罪？"

说着，朱重八找来一支毛笔，饱蘸浓墨，在伽蓝神的背上写了"发配三千里"5个大字。想想都好笑，一个小小的沙弥居然罚菩萨到3000里外去充军。

师父知道这件事后，狠狠地责罚了朱重八一顿。他本来想把朱重八逐出寺庙的，但想到他是一个不错的杂役，又不拿工钱，也就不了了之了。

每当夜幕降临时，朱重八就独自坐在柴房中，看着窗外的天空，回想着过去，期盼着未来。过去的生活不堪回首，而未来也是一片黑暗，看不到一丝光明。怎么办呢？难道要一辈子待在这小小的寺院中，忍受师傅和师兄们的打骂和侮辱吗？

朱重八不希望这样过下去，但又毫无办法。他只能白天拼命干活，晚上独自哀叹命运的不公，过着苦闷的生活。

然而，这样的日子并没有持续多长时间，一场更大的苦难降临到朱重八头上了。朱重八入寺仅50多天后，皇觉寺就揭不开锅了。大多数寺庙都靠田租过日子，但当年的灾情实在严重，佃户们饿死的饿死，逃荒的逃荒，师父们向谁去讨租呢？再加上这些和尚们平日里铺张惯了，一顿饭就抵得上普通人家几天的花销。很快，寺里的存粮就见了底。

寺里的主持无奈，只好召集全寺僧人商议对策。俗话说，"巧妇难为无米之炊"，没有米，不光"巧妇"做不出饭来，和尚也做不出来。僧人们愁眉苦脸，想了一天也想不出什么好办法。既然没粮食了，总不能呆在庙里挨饿吧！普通人家断粮了可以去讨饭、逃荒，和尚断粮了也一样可以去讨饭、逃荒啊！

不过，和尚讨饭、逃荒有一个好听的名目，叫化缘、游方。"游方"是佛教用语，实际和讨饭没什么区别。唯一不同的是，和尚们可以打着菩萨的旗号，名正言顺地讨饭。那些富贵人家虽然也有些为富不仁的，但谁也不敢赶菩萨，都希望菩萨保佑他长命百岁、尽享福寿。所以，和尚们讨饭要比一般的百姓讨饭容易一些。

主持看着八九个僧人都不说话，就说：

"既然寺里揭不开锅了，又想不出办法，大家就只能去游方了。从明天开始，我就为大家划定地界，都出发吧！"

僧人们无可奈何地点了点头，表示愿意听从主持的安排。

第四章　四方游历

旧不为则不为，若为则尽之。

——（明）朱元璋

（一）

在一些古装剧中，人们经常可以听到和尚说"佛门乃是清静之地"。如果遇上丰衣足食的年景，寺院里确实比社会上清静一些。但在人人自危的灾荒之年，佛门也难得清净了。主持刚刚宣布让众僧出去游方乞食，一些僧人便来到方丈房间内，向主持"敬献"礼物，希望能分到个好去处。

朱重八刚来到寺里，立足尚且不稳，哪有礼物孝敬方丈呢？他独自来到安身的柴房，把仅有的一件换洗衣服包起来，做好了游方的准备。至于被分到什么地方，他也无心理会了，一切都听天由命吧。

第二天一早，主持便宣布了各人的去处。果不其然，那些送了礼的都得到了好去处，而朱重八则被分到了淮西。

淮西指淮河的上游地区，大概相当于今的安徽、湖北长江北部和河南东南的部分地区。在至正四年的大灾荒中，淮西地区受灾最重，遍地饿殍，民不聊生。老百姓连自己的肚子都填不饱，谁还会施舍食物

29

给游方僧呢？

朱重八无奈地摇摇头，拎起包袱出了寺门。他听人说，汝州（今河南省汝州市）一带的年景较好，物产富足，或许还能讨些食物填饱肚子。但汝州距钟离何止千里？好在主持没有规定各人游方的期限，只要有时间，凭着两只脚，想走多远就能走多远。

于是，朱重八一路往南，先到合肥，然后再转而向西，沿固始（今河南省固始县）、光州（今河南省潢川市）、息州（今河南省息县）、罗山（今河南省罗山县）、信阳（今河南省信阳市），北转汝州、陈州（今河南省淮阳县），经由鹿邑（今河南省鹿邑县）、亳州、颍州（今安徽省阜阳市），最后又返回钟离，共历时3年有余。

从朱重八所走的这些地方来看，他颇有魄力和眼光。这些地方在淮西都颇负盛名，相对富裕一些。他一路穿城越村，走遍了淮西一带的名都大邑，熟悉了各地的风土人情，对每一地的山川、草木、形胜、绝地都了如指掌。这些都为他日后起兵反元奠定了坚实的基础。

当然，一个年轻的游方僧长期在外跋山涉水、风餐露宿，吃些苦头是难免的。但这又锻炼了朱重八的体魄，磨练了他的意志，使朱重八逐渐养成了坚韧不拔的性格特征和勤勉躬亲的行为方式。

对朱重八来说，这次长达3年多的游方生活，最重要的收获就是结识了一些英雄豪杰。当时，彭莹玉正在淮西一带秘密活动，传布弥勒佛下凡的教义。彭莹玉也是个游方的和尚，后来改信弥勒教，行走四方，以免费为人治病的方式传播教义。

弥勒教始创于南北朝时期。教众对外宣传，佛祖释迦牟尼涅槃后，世界就变坏了。佛祖涅槃时曾留下一句话，说再过若干年后会有弥勒佛出世。到时候，世界就会变得美好起来。

到底美好成什么样子呢？自然不外乎是到处风调雨顺，牛羊遍地，每个人都衣服穿、有饭吃，甚至还有肉吃。对像朱重八这样祖祖辈辈都缺吃少穿的穷苦人来说，这样的世界自然具有极大的诱惑力。

在发展过程中，弥勒教还不断吸收明教的教义，并逐渐与其合二为一。明教是从波斯传入中国的多种宗教的混合体，宣扬明暗二宗，明是光明，暗是黑暗。信徒相信，光明一定会战胜黑暗，其标志是"明王降世"。

南宋末年，由于统治集团无恶不作，明教宣传的教义被劳苦大众广泛接受，教徒也遍布江浙、湖广和淮河流域。到元朝后期，明教已经溶合到弥勒教和白莲教之中。著名的武侠小说作家金庸先生在《倚天屠龙记》中，就曾对明教作了精彩的描写。

白莲教供奉阿弥陀佛，劝人念佛修行，多做好事，死后到西方净土白莲地上过快活日子。因为该教的教义和仪式与明教、弥勒教的教义都是反对罪恶或黑暗，迎接光明，故而十分接近，到元朝末年便出现了三教合流的迹象。

由于时代久远，现在已知道朱重八在游方过程中有没有和彭莹玉接触，或在何种程度上参与了弥勒教的组织活动。但从他日后的表现来看，他当时即使没有与彭莹玉本人见过面，至少也与弥勒教的教徒有过不浅的接触，而且还加入了某种秘密组织，接受了新的宗教思想。

金庸先生的《倚天屠龙记》中写到，朱元璋曾加入了明教，后来还成为凤阳分舵舵主。当然，这是艺术虚构，并不一定是历史事实。但不管怎么说，朱重八在浪迹淮西之时已经逐渐成熟起来，并开始用不同于少年时期的眼光来审视世界了。

（二）

至正八年（1348）的一天，21岁的朱重八匆匆收拾行囊往家乡赶去。回到皇觉寺后，朱重八仿佛变了一个人似的。他再也不是当年那个任劳任怨、任人欺负的小沙弥了。他开始广交天下朋友，物色仁人志士和英雄好汉，时时进濠州城探访消息。与此同时，他还刻苦学习文化知识，多读书多识字。

师兄弟们很快就发现了朱重八的异常表现。不过，他们谁也不敢把这件事说出去。在那个混乱的年代，谁也不想去管别人的闲事，能填饱自己的肚子就不错了。更何况，灾荒之年已经过去，寺庙里的生活也有了改善，没事去惹朱重八干什么呢？他有那么多江湖朋友，惹恼了他，引来杀身之祸也说不好。

就这样，朱重八在皇觉寺又待了几年。时光荏苒，不知不觉就到了至正十一年（1351）。这一年的4月初，统治集团高层中关于是否治理黄河的争论终于结束了，元顺帝下令治理河患。

当然，筑堤治河并不是因为统治集团看到了民间的疾苦，而是因为河患已经动摇了大元王朝的统治基础。自隋唐开始，北方的粮食产量便已无法实现自给自足，不得不从被称为天下粮仓的江南地区运粮。如此一来，沟通南北的京杭大运河就成了保障北方民生的一条命脉。而黄河绝堤，运河运输随之中断，大都的粮食等生活必需品供应就受到了严重的影响。

与此同时，泛滥的黄河水还淹没了河间（今河北、天津沿海一带）、山东两盐运司所属的盐场。盐、铁素来是政府专营之物品，其税收在漫长的封建社会里一直是中央财政的重要组成部分。两处盐场被淹，中央政府的财政收入急速减少，致使本来已经十分空虚的国库更加无法支撑。

与直接影响相比，河患带来的间接影响更加深远。河患加剧了社会的动荡，促使灾民和流民纷纷聚众起事，竖起了反元的大旗，继而影响了其他地区的反元斗争。据不完全统计，自从河患发生以来，全国各地发生农民起义近千起，仅至正七年（1347）十月一个月的时间，全国发生的起义就达200余起。

元朝的统治岌岌可危，统治集团这才想起解决财政危机，治理河患。元朝最后的一位名相脱脱想出了两个办法：一是变更钞法，二是派贾鲁治河。变钞的具体办法也有两种，第一种方法是印造"至正交钞"，新钞一贯合铜钱一千文，或至元宝钞二贯。至正交钞的价值比原先流通的至元宝钞（至元年间印制的纸币）提高了一倍，两钞并行通用；第二个方法是发行"至正通宝钱"，与历代旧币通行，使钱钞通行，并以钱来实钞法。

至正十一年（1351），新钞与通宝同时发行。结果，变钞法实施不久，就引发了严重的通货膨胀。全国物价飞涨，新钞如同废纸，百姓们只认物而不认政府发行的钞票。

在实施变钞法的同时，脱脱还极力劝说元顺帝治理黄河。至正十一年四月初四，元顺帝妥欢贴睦尔终于正式批准了脱脱的建议，命汉人贾鲁为工部尚书，征发汴梁（今河南省开封市）、大名（今河北省大名县）等路（元朝的行政单位，大体上相当于今天的地级市或地区）民夫15万，庐州（在今安徽省合肥市）等地戍兵两万余人，开赴白茅堤等水患严重之处，开始筑堤治河。

当元顺帝征发17万民夫、士卒治理黄河之时，最高兴的并不是黄泛区的百姓，而是各级官吏。为什么会这样呢？因为皇帝下令治理河患，自然要拨一大笔款和大量的口粮。这可是一块肥肉啊！治理河患的款子可以贪污，民夫的口粮也可以克扣，反正黄河泛滥了不会淹死当官的，民夫没饭吃也不关他们的事情。结果，这些贪官污吏的违法行为直接导致数万民夫饿死在工地上。

为征调民夫，官府中的衙役经常下到各村，看到成年男子就带走。百姓纷纷反抗，衙役则以朝廷之命不可违为理由，将大量青年男子抓到黄泛区去修筑河堤。

当时交通不便，所有的信息都掌握在官府手中，当官的说是什么就是什么，百姓哪敢反抗？不过，修筑河堤是件苦差事，又吃不饱饭，经常有人饿死，自然没人愿意去。而要想逃避征调令，就必须给当官的送钱送物，贿赂他们。

这种种迹象都说明，在元朝末期，官贪吏污、纪纲废弛、赋役不均等现象已经积重难返。

（三）

统治集团的极度腐败终于激怒了受苦受难的百姓。各地秘密反元组织的首领们立即抓住机会，准备聚众起事。活动在河南、山东、河北一带的白莲教（一说为明教）首领韩山童先派了几百名信徒到黄泛区做挑河民夫，让他们在工地上传唱这样一支民谣：

"石人一只眼，挑动黄河天下反。"

与此同时，韩山童还利用白莲教遍布河南和江淮地区的教会组织大造舆论，称天下将要大乱，佛祖已经派弥勒佛下世拯救百姓了。

这一消息一传十、十传百，河南、江淮一带的百姓全信了。当民夫们挖到黄陵冈段（今河南省兰考县东北）时，果然挖出一个单眼石人。在场的民夫们惊得目瞪口呆，纷纷议论：

"看来传言是真的，弥勒佛真的已经下世了。"

这个单眼石人其实是韩山童早已准备好，让人埋在那里的。韩山童是河北人，其祖父是乡下的教书先生，曾经在传播白莲教过程中暗地组织农民反抗元朝。结果，他的反元行为被官府发现，不久便被官府发配到永年（今河北省邯郸市东北）充军了。自此之后，韩家人更加痛恨腐败的元朝政府。

韩山童长大后，继承了祖父的志向，继续传播白莲教，聚集了不少受苦受难的农民。他们烧香拜佛，期待弥勒佛下世，希望能过上好日子。当治理河患的民夫们挖出单眼石人的消息传出后，河南、江淮一带的百姓震动了。他们个个义愤填膺，私下秘密联络壮士，准备起义反元。

百姓很快就被鼓动起来了。这时，白莲教的另外一名首领刘福通对韩山童说：

"元朝压迫百姓，天人公愤，何不趁机起事呢？"

韩山童说：

"我早已有这个想法了。现在应该再想个办法，让老百姓都起来拥护我们。"

刘福通说：

"蒙古人视我们汉人为草芥，百姓都十分想念宋朝。如果我们这个时候打起恢复宋朝的旗帜，他们肯定会拥护我们的。"

韩山童觉得刘福通说得有道理，便立即和他秘密策划起事方案。一切准备工作就绪后，韩山童、刘福通就对教众宣布，说韩山童本来不姓韩，而是姓赵，是北宋皇帝徽宗（1082—1135年，1100—1126年在位）的第八代子孙；刘福通则是南宋大将刘光世的后代。

一帮谋士还帮韩山童、刘福通等人撰写了家谱世系，证明他们说得是真的。百姓一听，韩山童既然是大宋皇裔，刘福通又是大宋名将之后，那就跟着他们干吧。

韩山童、刘福通趁机聚集了一批人，杀了一匹白马和一头黑牛，祭告天地，正式起事。大家纷纷推韩山童为领袖，号称"明王"，并约定日子，在颍州颍上（今安徽省界首市）发动大规模的农民起义，用红巾裹头作为起义军的标记。

不料起义还没开始，就有人走漏了消息。众人正在歃血立誓时，元兵突然杀到，韩山童被抓，刘福通等人逃到了颍州。韩山童的妻子带着他儿子韩林儿逃脱了官府追捕，在武安（今河北省武安市）躲了起来。

不久，韩山童被杀，刘福通打出为"明王"报仇的旗号，召集教众，攻占了颍州等一些据点。黄河工地的民夫们听到这一消息，立即杀了监工和河官，纷纷投奔刘福通的队伍。在短短的十几天内，起义军迅速发展到十余万人。由于起义军士卒都头裹红巾，百姓们便称他们为红军，史称红巾军。这次起义，就是历史上著名的红巾军大起义。

（四）

刘福通攻占颍州的消息传到大都后，元顺帝大惊，立即命监战治河民工的同知枢密院事赫斯、秃赤等人领阿速军6000人，以及各支汉军进讨刘福通所部。阿速军全部是由来自北高加索山麓的阿速人组成。

阿速人是游牧民族，骁勇善战，本是元朝的一支虎狼之师。然而，由于长期养尊处优，阿速军到元朝末年之时已经腐败不堪，根本无法作战。再加上他们来到中原之后，水土不服，不习水战，病死者过半。

赫斯、秃赤与河南行省徐左丞等三人又缺乏军事才能。很快，阿速军失去了约束，乘势大肆抢掠平民百姓。百姓深恨之，多与红巾军联络，围歼阿速军。两军刚一接触，赫斯就大呼道：

"快撤，快撤！"

仅仅一个月的时间，刘福通所部就占领了朱皋（今河南省固始县北），攻破罗山、真阳（今河南省正阳县）、确山（今河南省确山县），威逼舞阳（今河南省舞阳县）、叶县（今河南省叶县）等地。

在刘福通的影响下，全国各地的百姓纷纷裹上红头巾，揭竿而起。韩山童的亲信杜遵道在颍州起兵，攻下数座粮仓之后，旋即与刘福通会师，迅速攻占汝宁（今河南省汝南县）、光州、息州、信阳等地。此为东系红巾军，又称北派红巾军。

彭莹玉等人推蕲水（今湖北省浠水县）人徐寿辉为首领，在黄冈（今湖北省黄冈市）、蕲春（今湖北省蕲春县）一带起兵，攻下德安（今江西省德安县）、沔阳（今湖北省仙桃市）、安陆（今湖北省安陆市）、武昌、江陵（今湖北省荆州市）等地。徐寿辉所部虽然也头戴红巾，信奉弥勒佛和明王，但与刘福通的白莲教红巾军并无联络。因为他是明教头领，所以史书上便将他的红巾军称为西系红巾军，又称南派红巾军。

除此之外，布王三、孟海马起于湘水、汉水流域，分别称为北锁红军和南锁红军。北锁红军占领了邓（今河南省邓州市）、南阳（今河南省南阳市）、嵩（今河南省嵩县）、汝（今河南省汝州市）等地；南锁红军占领了均（今湖北省丹江口市）、房（今湖北省房县）、襄阳（今湖北省襄阳市）、荆门（今湖北省荆门市）、归峡（今湖北省宜昌市）等地。

芝麻李在丰（今江苏省丰县）、沛（今江苏省沛县）一带起兵，迅速控制了徐州（今江苏省徐州市）附近的地区、宿州、五河（今江苏省五河县）、虹县、丰县、沛县、灵璧、安丰（今江苏省兴化市）、濠州等地。

元朝统治集团急忙调兵遣将，镇压农民起义。然而，曾经纵横驰骋、不可一世的蒙古骑兵在内地过惯了奢靡的生活，个个脑满肠肥，早就忘了怎么打仗。那些世袭的军官们更是吃、喝、嫖、赌样样都来，根本不知道该怎么指挥。他们只会贪污军饷，虐待士兵，劫掠百姓，导致元兵士气衰落，见到红巾军就望风而逃。

无奈之下，元顺帝只好派御史大夫也先帖木儿亲自统领30万大军开赴汝宁。没想到的是，大军才到城下，两军尚未交锋，也先帖木儿就要逃跑了。地方官急了，挽住也先帖木儿的马缰不放。也先帖木儿拔刀便砍，大声嚷道：

"你不要命，本官还要命呢！"

各地地主见元兵靠不住，纷纷组建所谓的义兵和民兵，与红巾军对抗，企图保卫田产和家产。这些所谓的义兵和民兵作战倒是十分英勇，远比元兵管用。然而，历史的车轮滚滚向前，这些螳臂当车的小股部队已经无法扭转局势了。

在不到两个月的时间里，东、西两系红军迅速控制了淮河流域到汉水流域的广大地区，将大元王朝拦腰截断。从此之后，大元王朝便像一条被斩为两截的长蛇，首尾不能相顾，只能等死了。

至正十一年10月，西系红军众将领推举徐寿辉为帝，建都蕲水，国号天完，年号治平。徐寿辉的兵力发展迅速，约有百余万人，遂拜邹普胜为太师，分兵进取江西、江南和湘水流域等地。

第五章　投红巾军

天为罗帐地为毡，日月星辰伴我眠。夜间不敢长伸脚，恐
踏山河社稷穿。

——（明）朱元璋

（一）

东、西两系红巾军所取得的巨大胜利极大地激励了各地的百姓，白
莲教的各地方首领纷纷起兵响应。至正十二年（1352）2月，白莲教定
远（今安徽省定远县）分舵舵主郭子兴广散家产，聚众起义。

郭子兴祖籍曹州（今山东省曹县），其父因家贫不能自立而迁居定
远。据说，郭子兴长大后娶了一个有钱人家的女儿，继承了一份丰厚
的遗产，家境日盛。然而，由于郭子兴出身低微，尽管有钱，依然饱
受贪官污吏的欺压。一怒之下，郭子兴加入了白莲教。

郭子兴生性慷慨，经常广邀江湖朋友在家中焚香拜会，共谋大事，
逐渐得到了教众的尊敬，被推举为定远分舵舵主。刘福通起义的第二
年，郭子兴见起义的时机已经成熟，便和孙德崖等人，领着几千名年
轻人趁黑打进濠州城，杀了州官，宣布起义。附近的百姓纷纷起而响

应，起义军迅速壮大至数万人。

元将彻里不花奉命进剿郭子兴所部。彻里不花带着几万元兵，开到距离濠州城几十里的地方就不敢前进了。平日彻里不花作威作福惯了，从不拿百姓生命当回事。面对势如破竹的红巾军，彻里不花不敢攻城，但抓手无寸铁的百姓，他倒十分在行。

每天，彻里不花都命令士兵全副武装去搜各个村寨，凡是成年男子一律抓走，当作俘虏，向上级军官邀功请赏。城外的百姓过不下去，只好纷纷逃往濠州城，投奔郭子兴。如此一来，郭子兴的队伍日益壮大，而彻里不花更加不敢攻城了。

此时，朱重八已经25岁。从游方回到皇觉寺时算起，他在寺中闭门读书、结交江湖豪杰已经4年了。从刘福通在颍州起义开始，他便密切关注起义军形势的发展。正所谓"乱世造英雄"，在这个兵荒马乱的年头，正是大丈夫施展拳脚的时候。

朱重八在庙里待不住了。他相信彭莹玉所说的话，弥勒佛已经降世，蒙古统治者在中原待不久了。既然这样，何不趁这个时候投奔红巾军，扬名立万呢?

不过朱重八也清楚，投奔红巾军就等于造反了。朱家虽然穷，但还从来没出现过与官府对着干的人。朱重八也不想与官府为敌，他只想安安稳稳地过日子。

再者，濠州城里的红巾军也未必能有什么成就。朱重八听说，郭子兴所部占据濠州城之后，就出现了5个大元帅。郭子兴自为一派，孙德崖与其他3个元帅为一派，两派之间矛盾重重，勾心斗角，谁也不服谁。像这样的起义军怎么能够成就大事呢?

就在这时，汤和给朱重八寄来了一封信。此时，汤和已经了投奔郭子兴的红巾军，在其麾下当了一名千户。所谓千户，并不是指统领一千户人家，而是领兵1000人左右。小时候，汤和经常与朱重八、周德兴等人一起玩耍，深知朱重八有领袖之才，遂劝他"速从军，共成大业"。

朱重八草草地看了一遍信，就将信放在油灯上烧毁了。投奔红巾军固然有很多好处，但红巾军万一被元军打败，岂不是要被杀头吗？

朱重八的确想当英雄，但也怕被杀头。如果被砍了脑袋，那可就再也没有机会活过来了。

（二）

汤和的信让朱重八犹豫了好几天，始终不能下定决心。这时，外面的形势更加混乱，连皇觉寺也被牵连进去了。红巾军供奉弥勒佛，皇觉寺里也有弥勒佛的塑像。不明就里的元军认为，既然红巾军与和尚都供奉弥勒佛，那他们就肯定是一家的。于是，彻里不花派人将皇觉寺里的僧人都监视起来，以防他们给城里的红巾军通风报信。

朱重八见状，立即慌了手脚。如果元军知道汤和给他写过信，必定会说他勾结起义军。这可怎么办？

朱重八思前想后，决定去找周德兴。此时，周德兴已经从外地回到了钟离。

见到周德兴后，朱重八就问周德兴：

"汤和邀我去投红巾军，你看这件事情该怎么办？"

周德兴沉思了半晌，反问道：

"那你是怎么想的？"

朱重八坦率地回答说：

"我有些犹豫不决。"

周德兴想了想，低声道：

"既然你拿不定主意，何不求菩萨给你指一条明路呢？现在，你有三条路可走：第一，留在寺里继续当你的和尚；第二，逃离寺庙，到外地就食；第三，投奔红巾军，和汤和一起大干一场。"

朱重八想了想，垂头丧气地说：

"眼下也只能这样了。"

当天晚上，朱重八来到伽蓝殿，对着曾经被他"发配三千里"的伽蓝神诚惶恐恐地磕了几个头。然后，他拿起圣签，默念道：

"伽蓝菩萨在上，弟子遇事不决，请您指条明路。如果您认为弟子应该出境避难的话，就赏一对阳签；如果您认为弟子应该守在庙里，就赐一阴一阳两签。"

默祷已毕，朱重八将圣签投到地上，得到的居然是两个阴签。

朱重八看着地上的圣签，低声嘟囔道：

"菩萨啊，菩萨，您这是何意啊？"

说着，他捡起圣签又投了一次，得到的又是两个阴签。朱重八见状，默念道：

"难道菩萨认为弟子应该参加红巾军吗？如果是这样的话，您就让弟子再得一对阴签吧！"

接着，朱重八第三次掷签，又得到了一对阴签。朱重八有些害怕了。如果加入起义军，将会面临巨大的危险，一着不慎就可能被元军抓去砍头。朱重八心里希望能得到两个阳签，这样就可以踏踏实实、心安理得地一走了之了。

不死心的朱重八又投了一次，结果仍然是一对阴签；再投，竟然得了一对不阴不阳的签，有一支圣签居然立了起来。朱重八又对着伽蓝菩萨的塑像磕了三个头，默祷道：

"菩萨不要嫌弟子唠叨，如果您真认为弟子应该投奔红巾军的话，就再让我得两个阴签吧！"

朱重八咬了咬牙，又投了一次。果然，他又得到两个阴签。朱重八紧张得闭上双眼，心下大惊道：

"菩萨啊，菩萨，您这是要弟子去送死啊！不过，既然弟子有言在先，就一定会遵守您的指示。过两天吧，弟子过两天就去城里找汤和。"

夜半时分，平日里与朱重八交好的一个师兄悄悄叫醒他，低声道：

"师弟是不是跟城里的红巾军有瓜葛啊？你前两日收到从城里来的信，这件事情已经被人知道了，他们正准备向元军告发你呢。我看，你还是赶紧逃吧！"

朱重八闻讯大惊道：

"多亏师兄提醒，否则我就真是死无葬身之地了。"

师兄弟俩说了一会儿话，正想上床睡觉，突然听到寺外一片喧哗之声。朱重八大惊道：

"不好了，看来元军已经知道这件事情，要来抓我！"

师兄催促道：

"你赶快逃吧！"

朱重八胡乱穿了衣服，用一块头巾将自己的光头包起来，跳窗逃走了。等到他跑到半山腰时，背后突然火光冲天。难道是元军在放火烧寺吗？那师父和师兄们恐怕要遭大难啊！他悄悄溜到旁边的树丛中，想等到元军离开后去看个究竟。

大火烧了一夜，直到第二天中午才渐渐停息。朱重八来到断垣残壁前，带着哭腔喊道：

"师父，师兄！"

喊了半天也没有人应答，难道他们已经被烧死了吗？但朱重八在灰烬里找了半天，也没有找到尸体，难道都被元军抓去了？

（三）

朱重八满腹狐疑，跟跟跄跄地离开了被大火烧毁的皇觉寺，向山下走去。走到半山腰，他突然听到有人在树丛中喊自己。朱重八暗想：

"这声音好熟悉啊！"

他蹲下身子，向树丛中望去，只见几个和尚正在那里瑟瑟发抖呢！朱重八走近一看，这不是师兄们吗？他又惊又喜地问道：

"你们怎么在这里？"

众人你看看我，我看看你，只顾着抹眼泪，竟然没人回答朱重八的问题。朱重八有些着急，催促道：

"你们倒是说话啊！"

与朱重八交好的那个的和尚回答说：

"昨天夜里，你走了之后，一群元兵突然冲进寺里，不由分说就把我们赶了出来，一把火把寺院烧了。"

朱重八不解地问：

"他们为什么这样做？"

和尚回答说：

"谁知道呢？不过我们离开时，听到几个会说汉话的元兵在那里说，怀疑我们跟城里的红巾军有联系。"

朱重八听完师兄的话，义愤填膺，咬牙切齿地说道：

"这是什么朝廷啊！当兵的居然比贼寇还不讲理。"

众人附和着骂了元兵一通，接着又问：

"师弟接下来有什么打算？"

朱重八想告诉他们自己要去投奔红巾军，但转念一想：他们此刻正有气无处出呢！

如果告诉他们自己要去投奔红巾军，他们一气之下把自己抓到元军那里去可怎么？罢了，还是不要告诉他们了。

想到这里，朱重八叹了一口气，对众人说：

"还能有什么办法？除了游方，就是还俗了。"

众人都点了点头。朱重八对众人施了礼，然后说道：

"诸位师兄保重，师弟这就告辞了。"

说完，朱重八头也不回地走了。

一路上，朱重八晓宿夜行，绕过元军的营地，几天后就来到濠州城下。这一天，朱重八记得很清楚，是至正十二年（1352）闰三月初一。

当时，元军驻扎在城外，红巾军驻扎在城里。元军虽然不敢贸然进攻，但红巾军也不敢大意。郭子兴令部下紧关城门，不准放一个可疑人物进城。

朱重八来到城下，向守门的士卒高喊道：

"劳烦大哥通报一声，小人要见郭元帅。"

守门的军官冷笑道：

"你当元帅是什么人，说见就能见到吗？"

朱重八陪着笑脸央求道：

"劳烦大哥通融通融，小人要见郭元帅，是来投军的。"

守门的军官听到这句话，突然狐疑起来。如今，元军围城甚急，谁还会来投军呢？这个人八成是元军派来的奸细。想到这里，那军官大喝一声：

"把他拿下，押去见元帅！我看此人八成是元军的奸细。"

朱重八见状，高声喊道：

"冤枉啊，冤枉！小人确实是来投军的，不是奸细。"

郭子兴听说守门的士卒抓了一个奸细，急忙纵身上马，前来看个究竟。

来到城门前，郭子兴问守门军官：

"奸细在哪里？"

守门军官指着被绑在柱子上的朱重八道：

"在那里。"

郭子兴顺着那军官指的方向望去，只见一个长相奇怪的和尚被五花大绑地捆在拴马桩上，但神色坦然，气度非凡。

郭子兴走上前盘问了几句，觉得朱重八果然是来投军的，并不是什么奸细，便为其松绑，并收其为步卒。

就这样，朱重八从一个僧人变成了一名红巾军士卒。从此之后，他每天都与兄弟们操练武功，学习杀敌的技能。朱重八身材健硕，头脑聪明，不到半个月就成了队里表现最好的士卒。队长和弟兄们都觉得这个和尚不错，是块领兵打仗的料。

（四）

朱重八在军中待了两个多月，虽然没有什么大作为，但也立了几次小功。队长派他到城外侦察元军的动向，他每次都能出色地完成任务。从此之后，队长更加器重他。

有一次，被派系斗争弄得焦头烂额的郭子兴带着几个亲兵出巡，经过朱重八的营房，顺便进去看了看。

队长一听元帅来巡视了，不敢怠慢，急忙召集所有士卒列队待检。朱重八身材高大，被队长点为排头兵。他站在队伍当中，格外显眼。郭子兴见朱重八的头发已经长了不少，就打趣道：

"小和尚，当兵的感觉怎样？"

朱重八回答说：

"禀告元帅，比当和尚好。"

郭子兴大笑道：

"好一个会说话的和尚。"

队长见元帅夸奖朱重八，便在一旁附和道：

"朱重八表现很不错，是个百里挑一的人才，将来必成大器！"

郭子兴瞅了瞅朱重八，大声道：

"是吗？既然这样的话，就把他调拨到本帅的身边，当个十夫长吧！"

朱重八闻言，急忙向郭子兴施礼，高兴地说道：

"小人谢过元帅。"

就这样，朱重八成了郭子兴身边的一个下级军官。在回元帅府的路上，郭子兴和朱重八天南地北地聊了起来。朱重八曾经游遍淮西，又在皇觉寺里闭门读书多年，见多识广，十分健谈。

郭子兴跟朱重八聊得十分开心，只是对他的名字不大满意。于是郭子兴想了想，就对朱重八说：

"重八这个名字不大好，你还有其他的名字吗？"

朱重八回答说：

"启禀元帅，小人在游方淮西时曾用过兴宗这个名字。"

郭子兴微笑着点头道：

"这个名字不错。这样吧，本帅再送你一个名字，名元璋，字国瑞，你看如何？"

朱重八连忙赞道：

"这个名字好。璋乃朝廷之瑞信也。小人姓朱，与诛杀之诛同音，连起来就是朱元璋，正是诛元朝之瑞的意思！国瑞这个字也好，寓意我红巾军将来所成之大业！"

郭子兴见朱重八说得头头是道，心里更加喜欢他了。

改名之后，朱元璋很快就成了濠州红巾军中的知名人物。因为他腿脚勤快，遇事小心谨慎，同时又不乏敢作敢为的胆识。郭子兴分派给他的每一项任务，他都能很好地理会和执行；打起仗来，他也总是冲锋在前，从不打败仗；每次缴获的战利品他都悉数上缴，从不隐瞒据己；郭子兴赏赐给他财物，他总推说是大家的功劳，要跟手下的士卒平分。如此一来，他不但深受郭子兴的器重，还得到了普通士卒的爱戴。

郭子兴的二夫人张氏有一个养女。据明野史记载，此女姓马，名叫秀英，灵璧人。其父马公是郭子兴的好友，不料英年早逝，遂将女儿托付给了郭子兴。

当时，女子皆裹足，以三寸金莲为美，但马秀英生性豪爽，坚持不裹脚，因而长了一双大脚，被时人称为"马大脚"。或许正因为她那双大脚，所以到了21岁仍然没有嫁出去。

朱元璋在郭子兴身边待了一段日子，逐渐与马大脚熟悉起来。一来二去，两个青年男女便产生了感情。郭子兴看在眼里，喜在心里，总算有人看上了自己的干女儿，但他嘴上并不说话。

俗话说，"知女莫若母"，张氏很快就知晓了女儿的心意。她听说朱元璋才华出众，是块领兵打仗的料，就与丈夫商议说：

"我看秀英喜欢上了朱元璋，听说他是个不错的小伙子。如今元军围城甚急，夫君与孙德崖等人的矛盾也越来越深，正是用人之际，何不将秀英许配给朱元璋，让他死心塌地地帮助你呢？"

郭子兴虽然身为元帅，但却是个没主见的人。他听二夫人这么一说，觉得很有道理，便点头答应了。

不久后，朱元璋娶了马秀英，成了郭子兴的乘龙快婿。

　　朱元璋是一个典型的实用主义者。初为吴国公时，他曾招降方国珍。方国珍派使者带着饰金玉马鞍献给朱元璋，朱元璋拒绝说："如今四方有事，需要的是人才和粮食，要这些宝玩做什么呢？"

第六章　濠州事变

杀尽江南百万兵，腰间宝剑血犹腥。老僧不识英雄汉，只管哓哓问姓名。

——（明）朱元璋

（一）

郭子兴所部占据濠州城，与元军对峙了半年之久。在这期间，郭子兴与孙德崖两派的矛盾日益加深。他们先是互相猜忌，后来甚至开始调兵遣将，互相防范起来。

郭子兴见状，不觉心灰意冷，日见消沉，有时候竟然一连几日不问军务，任孙德崖等人胡作非为。元军得知红巾军内部的这一情况，立即加紧了攻城的部署。

敏锐的朱元璋在投军之前就知道郭子兴与孙德崖不和，但没想到他们之间的积怨竟如此之深。他发觉形势不妙，便劝岳父打起精神来，提防孙德崖一伙联合起来发动兵变。

郭子兴听了朱元璋的劝谏，强打精神，勉强出去了三四日。但脾气火爆的他跟孙德崖等人没说上几句话，又开始恶言相向了。

朱元璋看在眼里，急在心里，但又无可奈何。就在这时，元相脱脱亲率数10万大军直扑徐州。芝麻李抵挡不住，落荒而逃。逃亡途中，芝麻李被元军所擒，押解到大都杀害了。他的部将彭大、赵均用等人领着残军败将，直奔濠州而来。

郭子兴忙令士卒打开城门，迎接友军。彭大、赵均用与郭子兴合兵一处，共同对抗元兵。但令人没想到的是，徐州败兵的到来使濠州城内的内讧更加严重了。孙德崖等人想趁势拉拢彭大、赵均用。彭大与郭子兴交好，没有被孙德崖的花言巧语说动。但赵均用与孙德崖等人却很投缘，整日里与他们厮混在一起。

一天，孙德崖与赵均用饮酒作乐。酒至半酣，孙德崖叹了一口气，对赵均用说：

"元帅英明神武，实乃我红巾军的中流砥柱。但郭子兴眼皮子浅，只认得彭元帅，打心眼里瞧不起您。"

赵均用闻言大怒，他想，自己虽然在徐州败北，但手中的人马依然比郭子兴多，郭子兴怎么敢轻视自己，这不是找死吗？

想到这里，赵均用把酒杯一摔，点了一队亲兵，换了平民的衣服，往门外走去。

说来也巧，赵均用出门没多远就遇上了正在巡视的郭子兴。赵均用向他的亲兵们使了个眼色，亲兵们会意，立刻一拥而上，将郭子兴装进麻袋，扛到了孙德崖家。众人将郭子兴毒打一顿，关进了地窖。

郭子兴的两个儿子郭天叙和郭天爵听说父亲被一帮来路不明之人绑走了，立即派人在城内查探。当时，朱元璋奉郭子兴之命正在淮北（今安徽省淮北市）联络当地的英雄豪杰。接到消息之后，他星夜兼程，很快返回了濠州。

一见到郭天叙和郭天爵，朱元璋便急忙问道：

"可曾查探到元帅的下落？"

郭家兄弟垂头丧气地说：

"我兄弟二人派人在城内查探了一番，没有任何音讯，这可如何是好啊！"

朱元璋沉思了半晌，说道：

"你们把当时的情景说一遍。"

郭家兄弟说：

"跟随父亲巡视的亲兵回来说，父亲当时正领着一小队亲兵在城内巡视，突然从边上窜出几个平民打扮的壮汉，把他虏了去。"

朱元璋大惊道：

"不好，这帮人胆子也太大了，居然敢绑票元帅。"

郭家兄弟忙问：

"莫非姐夫已经知道了是谁绑架了父亲？"

朱元璋回答说：

"嗯。走，我们去找彭元帅主持公道。"

朱元璋等人来到彭大处，将郭子兴被绑一事详详细细地说了一遍。彭大虽然出身农民，但领兵多年，见多识广，当即便猜到是孙德崖等人绑架了郭子兴。他一拍桌子，大怒道：

"有我彭大在，没人敢动郭元帅一根毫毛！你们跟我来。"

（二）

彭大、郭天叙、郭天爵和朱元璋等人带着一队士卒，全副武装地来到了孙德崖家里。孙德崖见状，知道事情已经败露，但依然装出一副吃惊的样子，怒道：

"是谁这么胆大包天，竟然敢劫持郭元帅！来人呐，立即出去打探消息。"

几个亲兵一边答应着，一边就要往门外冲去。朱元璋见状，一个箭步冲过去就拦住了孙德崖的亲兵，大声喝道：

"孙元帅，咱们明人不说暗话，你速速将我家元帅交出来，省得伤了和气。如今元兵围城甚急，如果我们再起内讧，岂不遂了那帮狗贼的意！尽管你与我家元帅有些嫌隙，但当前也应该以和为贵，共同御敌才是。"

彭大也在一旁附和道：

"元璋贤侄所言极是。如果你今天不把郭元帅交出来，休怪本帅无理！"

孙德崖见彭大站在朱元璋一边，料知自己不是他们的对手，便陪着笑脸说：

"我怎么会抓郭元帅呢？就算我们平日里有些嫌隙，但总归是自己兄弟，我绝对不会做对不起郭元帅之事的。"

朱元璋见孙德崖还是不肯承认，便大声吩咐亲兵：

"给我搜，一个角落也不准放过！"

孙德崖见状，厉声喝道：

"放肆，本帅的府第是你说搜就搜的吗？"

朱元璋向彭大深施一礼，朗声说道：

"请元帅在此作证。如果郭元帅确实不在孙元帅的府上，末将愿意割下项上人头向孙元帅赔罪。"

彭大马上在一旁附和道：

"好，就这么办。"

孙德崖、赵均用见彭大给朱元璋撑腰，不便再说什么，只得放众人进去搜查。结果，几个亲兵轻而易举就在地窖中找到了被打得半死的郭子兴。

郭天叙、郭天爵兄弟见父亲被打成这样，大怒，马上要下令发兵攻打孙德崖。朱元璋急忙拦住他们兄弟，并对众人说：

"这件事情与孙元帅无关，大概是他手下之人干的。"

孙德崖也忙在一旁附和道：

"本帅确实不知道这件事情。我一定将这件事查个水落石出，给诸位一个答复。"

彭大知道，朱元璋这样说是不想把事情闹大。如果红巾军内部打了起来，元军趁机攻城的话，后果将不堪设想。于是他便压住郭家兄弟，让此事不了了之了。

按理说，郭子兴应该感谢朱元璋在自己遇难时救了自己一命，但是，他在脱离险境之后反而开始防备起朱元璋来了。因为郭子兴是个心胸狭窄之人，见不得别人比自己强。他见朱元璋在整个事件中表现出了卓越的领导才能，比自己和两个儿子都强得多，担心朱元璋将来会取代自己。

终于有一天，郭子兴找了个借口将朱元璋关了起来。郭天叙、郭天爵兄弟见状，又想出一条诡计，想置朱元璋于死地。他们命令看守道：

"不准任何人接近朱元璋，你们也不准给他送饭。"

朱元璋被关起来后，夫人马秀英非常着急。她想，自己既然嫁给了朱元璋，就是朱家的人，她不能眼睁睁地看着朱元璋饿死。

于是，马秀英就跑到伙房，偷偷揣了几张刚刚烙好的大饼来到牢房门口。看守见马秀英来了，忙拦住她说：

"姑娘，元帅有令，不准任何人接近朱元璋。"

马秀英抬脚踢了看守几脚，怒骂道：

"狗东西，太不识抬举了，连本姑娘都敢拦，不要命了吗？"

看守见马秀英什么东西也没带，心想：反正她也没有带吃的东西，不如让她进去看看吧。

就这样，马秀英顺利地见到了朱元璋，然后从怀里掏出滚烫的烙饼塞给朱元璋，让他赶快吃。据说，马秀英因此烫伤了胸部，但却毫无怨言，天天都会去给朱元璋送饭吃，救了朱元璋一命。

（三）

至正十二年冬季，元顺帝派时任御史大夫的贾鲁来到濠州城外，统领各路蒙古骑兵、汉军、所谓的义兵和民兵等各路武装，全力攻城。郭子兴闻讯大惊，立即找来彭大、赵均用、孙德崖等人，商议对策。

彭大、赵均用自恃兵马众多，趁机将守城的总指挥权揽在了自己的手中。孙德崖、郭子兴手中兵力薄弱，只能干着急。马秀英趁机劝谏郭子兴说：

"当今正是用人之际，何不赦免朱元璋之罪，让他戴罪立功呢？"

如果不是马秀英提醒，郭子兴几乎要将朱元璋忘在脑后了。他觉得马秀英说得很有道理，急忙放了朱元璋，让其协助自己守备城池，顺便与彭大、赵均用等人争夺兵权。

朱元璋倒也豁达，并没有因为郭子兴将自己关了这么长时间而怀恨在心。受命之后，他夜以继日地巡防督导，领着将士们据险而守。

这一仗从至元十二年冬一直打到第二年春天。元军整整围攻了5个月，但丝毫不能撼动红巾军的锐气。就在这时，贾鲁突然病发身亡。元军失去主帅，立刻军心涣散，纷纷退去，濠州城遂得以保全。

但红巾军也损兵折将，失去了不少士兵。打退了元军后，彭大、赵均用得意洋洋，甚至有些忘乎所以，自封为鲁淮王和永义王。郭子兴和孙德崖等人仍为元帅。

经过这一系列的事件后，朱元璋已经敏锐地意识到，再跟着郭子兴等人已经没什么前途了。这些人目光短浅，只顾着争权夺利，根本无法成就大业。于是，他便开始琢磨着自立门户了。

红巾军被围困了5个多月，城中的粮草将要耗尽。彭大、赵均用等人着急不已，急忙召集诸将商议对策。商议无果，彭大、赵均用等人只好向郭子兴、孙德崖等人分派任务，规定每人必须准备多少粮草。

回到军营后，郭子兴愁眉不展，束手无策。在那个兵荒马乱的年头，到哪里去弄粮草呢？濠州附近经历了5个多月的战事，百姓的粮食基本上都被元军抢光了。

朱元璋见郭子兴愁眉不展，便上前问道：

"元帅遇到了什么麻烦事，为何这般愁苦？"

郭子兴将彭大、赵均用等人分派任务的事细说了一遍。朱元璋听完后，自告奋勇地说：

"我军与敌人在濠州激战数月，附近的粮草恐怕已经被元军抢光了。如果要弄到粮草，只能到远一点的地方，比如定远、虹县、含山（今安徽省含山县）等地去找。末将愿意带些兵马前去筹集粮草。"

郭子兴正一筹莫展，见朱元璋愿意去筹集粮草，大喜，忙答应道：

"好，本帅这就拨给你一些人马。你马上到定远一带弄些粮草回来，以解燃眉之急。"

定远是大元王朝的军事重镇，内有重兵把守，强攻自然不行。但朱元璋想到了一个好办法。他领着几百名士卒，化装成百姓，化整为零，各自带着一些食盐，然后悄悄潜入了定远城。

当时，食盐是紧俏货，不但普通百姓乐意拿粮食换，就连元军也愿意用粮草换食盐。结果，朱元璋轻而易举地用食盐换来了几十石粮食，帮郭子兴解了燃眉之急。

郭子兴很高兴，在人前装模作样地夸了朱元璋一通。朱元璋趁机又请求道：

"属下儿时的一些伙伴听说我在元帅的麾下，都想来投靠元帅，请您允许我回乡把他们招来。"

郭子兴一听朱元璋又可以为自己招来一些兵马，心下大喜，立即又答应了他的请求。

其实，朱元璋这样做完全是在为自己打算。要想自立门户，必须得有自己的家底，其中最重要的就是要有自己的兵马。

朱元璋儿时的玩伴周德兴等人听说他已经做到了红巾军的小头目，都纷纷来投。与此同时，日后被誉为大明第一勇将的徐达也在这时来到朱元璋的身边。不足半月，朱元璋在钟离就召集了700余人。

当朱元璋带着这700多人来到濠州时，郭子兴自然大喜，立即任命朱元璋为镇抚。至此，朱元璋的职位第一次超过了他儿时的玩伴汤和。

其实在此之前，身为千户的汤和就总是跟在下级军官朱元璋身后，而且还毕恭毕敬，令人费解。事实上，这是汤和有自知之明。他深知朱元璋绝非池中之物，早晚有一天要超过自己的。因此在朱元璋当了镇抚之后，汤和便名正言顺地成了他的跟班。

（四）

至正十三年6月，朱元璋突然向郭子兴提出申请，希望能够带兵出征。郭子兴一听，心下大喜。他一直都颇为忌惮朱元璋，担心这个能力超过自己的年轻人会夺取自己的军权。如今，他既然主动请求离开濠州，带兵出征，岂有不答应之理？于是，郭子兴想都没想就高兴地答应了朱元璋的请求。

出发之前，朱元璋做了一件让所有人都大吃一惊的事。他召集自己从钟离带来的700多人，从中挑选出23个人，其中包括周德兴、徐达、费聚等人。至于其余的人，他全都送给了郭子兴，条件只有一个，就是让郭子兴将千户汤和送给自己。郭子兴大喜，一个汤和换来700多人，这简直太值了！当然，在朱元璋看来，用700多人就换来了汤和，也是非常值得的。

就这样，朱元璋带着24个人往定远方向而去。朱元璋所选的这24个人，个个都身怀绝技，全都是有勇有谋之人。一行人没走多远，就聚集了千余人的队伍。朱元璋得意洋洋地领着这千余人来到张家堡（今安徽省定远县城西）附近，准备就地过夜。

就在这时，前哨小分队的队长来报：

"启禀镇抚，此地不安全，不能久留。"

朱元璋不解地问：

"为什么？"

队长回答说：

"前方不远处有个地方叫驴牌寨。那里有一支地主武装，约有3000余人。"

朱元璋又问：

"可曾打听到寨主是谁？"

队长回答说：

"只知道是一个姓刘的人。"

朱元璋沉思半晌，转身对汤和等人说：

"先派几个人去打探一下，摸清他们的虚实。"

汤和领命，立即带着几名弟兄化装成农民，往驴牌寨方向而去。朱元璋则领着众人藏在路边的树丛中，等待消息。

几个时辰之后，汤和兴高采烈地回来了。他对朱元璋说：

"这支武装不是敌人。我已经打探清楚了，他们原是附近的地主组织起来的民兵。如今，那些地主不愿意向他们提供粮草，刘寨主正在那里发愁呢！"

朱元璋一听，立即来了精神。他大笑着对汤和等人说：

"哈哈，这下我们发财了。"

汤和、徐达等人会意，立即挑了几个兄弟跟朱元璋一起向驴牌寨进发，其余的人则就地扎营。

朱元璋等人来到山下，向守在路口的民兵说：

"快去禀报你们首领，就说濠州的红巾军镇抚朱元璋求见。"

民兵马上跑到山上向寨主汇报：

"启禀寨主，濠州的红巾军镇抚朱元璋在山下求见。"

刘寨主一听，简直不相信自己的耳朵：

"你说谁？"

民兵又大声回答说：

"朱元璋。"

刘寨主一拍脑袋，大声道：

"这个人我认识。当初他在皇觉寺当和尚时，我曾与他有过交往，快快有请！"

朱元璋一行来到山上，一见刘寨主，大笑着寒暄道：

"原来是刘兄啊！几年不见，你都成寨主了。"

刘寨主拉着朱元璋的手，也大笑着说道：

"朱兄也不错，都当上红巾军的镇抚了。"

两人你一言我一语地攀谈起来，气氛十分活跃。当下，刘寨主便命人准备酒菜，招待朱元璋。酒过三巡，菜过五道，朱元璋终于说明了他的来意：

"刘兄一支孤军在此十分危险啊！无论是元军还是红巾军，只要有一家进攻驴牌寨，刘兄就大祸临头了。"

刘寨主叹息道：

"可不是嘛！就算他们不来打我们，我们也撑不了太久，军中马上就要断粮了。"

朱元璋趁机建议道：

"既然如此，何不投奔我们红巾军呢？"

刘寨主听罢，大笑道：

"小弟正有此意啊。"

于是，两人当下就约定了时间和地点，准备合兵一处，由朱元璋统一指挥。

第七章　"滁阳一旅"

　　鸡叫一声撅一撅，鸡叫两声撅两撅。三声唤出扶桑日，扫尽残星与晓月。

——（明）朱元璋

（一）

　　在回营地的途中，徐达、汤和等人对朱元璋说：

　　"镇抚相信这个寨主会按照约定的日期前来投靠我们吗？"

　　朱元璋笑着摇头道：

　　"多年前我曾与他打过交道，知道他是个言而无信之人。不过，我们当前的兵力不足，不能力敌，只能智取。"

　　汤和忙问：

　　"怎样智取？"

　　朱元璋笑而不语。

　　回到营地后，众人各司其职，安安稳稳地度过了一夜。

　　第二天一早，朱元璋就命士卒置办了一桌酒菜，差人去邀刘寨主赴宴。刘寨主一听，便心生一计，吩咐属下说：

　　"我们兵力强盛，但粮草不足；朱元璋有粮草，但手上没多少人马。我现在假意前去赴宴，让其放松戒备。你们等我的信号，一旦营中火起，你们就领兵杀下山来。"

吩咐完后，刘寨主便带着几个亲随来到朱元璋的营地。令他没想到的是，他刚踏进朱元璋的大帐，就被埋伏在一旁的徐达、周德兴等人绑了起来。

刘寨主大呼道：

"朱兄这是干什么？"

朱元璋笑道：

"你的计谋岂能瞒得过我？你此番前来赴宴，一定是为了让我放松戒备，好趁机劫粮吧？"

刘寨主见朱元璋识破了自己的诡计，无话可说，惭愧地低下了头。

朱元璋随后立即吩咐汤和等人带着刘寨主的随从返回驴牌寨，以寨主的名义命令众人转移。就这样，朱元璋不费吹灰之力就收编了3000余名民兵，兵力稍振。

拿下驴牌寨后，朱元璋又将目光锁定在横涧山。横涧山约有两万余名所谓的义兵。他们曾在主帅张知院的带领下会同元军一起攻打濠州，企图捞点好处。没想到好处没捞到，却损兵折将，赔了不少本钱。

红巾军弟兄对张知院都恨之入骨，个个摩拳擦掌，准备大干一场。这是朱元璋独自指挥的第一场以少对多的战斗。他仔细分析了敌我形势之后，对汤和等人说：

"敌强我弱，不宜力敌，只能智取。"

徐达问：

"这次该如何智取？"

朱元璋沉思了一会儿，吩咐道：

"今晚，我与汤和等人领两千人马从正面攻击；徐达领两千人马在外围虚张声势，分散张知院所部的注意力。敌人以为被我军包围了，必然慌乱。到时候，我等再便趁机收降其军。"

汤和、徐达等人觉得朱元璋的计策可行，便分头安排去了。当晚，朱元璋趁着月黑风高，突然冲进张知院的营地。张知院仓皇失措，不知如何应对。

就在这时，徐达又令士卒在外围点起火把，佯装攻打。张知院以为自己已经被红巾军包围了，立即放下武器投降。

这样一来，朱元璋所部由24人迅速扩大到了两万余人。队伍扩大了，朱元璋也有了与天下群雄一争长短的资本。但是，这么多人马该如何管理呢？

朱元璋深谙治军之道，他明白，如果没有良好的军事制度和军事训练的话，手下的这帮人只能是乌合之众，根本无法铸就强大的战斗力。于是，他开始从军事训练着手，加强军纪，整顿部队。

仅仅几天的时间，朱元璋的名声便在定远一带传开了。定远的地主冯国用、冯国胜兄弟俩闻讯来投。朱元璋觉得这两个人都是人才，就留下了他们。朱元璋看得很准，冯家兄弟果然十分骁勇，后来威震天下、横扫蒙古的冯胜就是冯国胜。

（二）

实力壮大之后，冯家兄弟建议朱元璋攻取集庆（今江苏省南京市）。集庆物产丰富，战略位置十分重要。冯国胜对朱元璋说：

"如果能占据集庆作为根据地，然后四出征伐，倡仁义，收人心，勿贪子女玉帛，天下不足定也。"

朱元璋闻言大喜，立即整军准备进攻集庆。但集庆守备森严，急切间难以攻下。朱元璋便改变策略，决定先拿下元军防守相对薄弱的滁州（今安徽省滁州市）、和州（今安徽省和县），然后从西北和西南出兵，夹击集庆。

在进军滁州的路上，定远人李善长到军门求见朱元璋。李善长学识渊博，深谋远虑，料事如神。但刚开始时，朱元璋并没有注意到李善长的才华，只留他在身边当了个小小的文书。

一天晚上，朱元璋在营房里独自闷坐，突然感慨道：

"天下大乱，四方皆有战事，什么时候才能安定啊？"

正在处理文书的李善长听罢，在一旁从容答道：

"想当年，秦失其鹿，天下共逐之。出身平民的汉高祖刘邦凭借着豁达大度、知人善任的作风，只用了5年时间就成就了帝王之业。如今，元朝已经摇摇欲坠，与当时的情况也差不多。朱公的家乡离高祖皇帝的故乡不远。只要您能向刘邦学习，还愁得不到天下吗？"

朱元璋听了李善长的这番话，急忙起身，向他深施一礼，诚恳地说道：

"先生来投已经数日，元璋竟然不知先生有如此之才，实在是罪过。请先生原谅元璋的浅陋！"

李善长见朱元璋果然有汉高祖刘邦的气度，心下大喜，遂决定日后尽心辅佐他。当晚，两人便在帐中促膝而谈，越谈越投机。朱元璋对李善长更是言听计从，大有相见恨晚之意。

几天之后，朱元璋衰大军来到滁州城外。滁州虽然四面皆山，地势险要，但城内的元军羸弱不堪，根本无法与红巾军相抗衡。

开战之初，朱元璋命手下勇将花云率领上千骑兵直冲敌阵。花云是怀远人，状貌魁伟，面目黧黑，但作战英勇，能以一当百。他率领千余名骑兵冲进敌阵，元军顿时大乱。朱元璋见状，遂将令旗一挥，亲率大军掩杀过去。元军迅速溃败，朱元璋乘机占领了滁州。

滁州一战让朱元璋军威大振，声名远播。他的侄子朱文正、二姐夫李贞、外甥保儿（官名李文忠）听到朱元璋的消息后，都纷纷来投。朱元璋忙将家人接入大帐之内，叙说离情。朱文正向叔叔磕了头，哭诉道：

"自从叔叔离家之后，父亲（朱重六）和三叔（朱重七）先后病故，侄儿无依无靠，只能四处流浪。不久前，侄儿闻知叔叔在滁州大胜元兵，立即来投。"

朱元璋看着已经长大成人的朱文正，又想起多年前的凄苦生活，不觉流下泪来。多年之后，朱元璋回忆当时的情形时说道：

"一时聚如再生，牵衣诉昔以难当。"

攻下滁州之后，朱元璋的实力进一步壮大了。怎样才能让诸将同心同德，努力为自己效命呢？朱元璋吸取了郭子兴、孙德崖等人的教训，绝不允许军中有人与自己并肩。但在天下大乱之际，人人都想出人头地，怎样才能保证部下没有篡权的野心呢？

朱元璋首先想到的是培植心腹，他将朱文正、李文忠、定远孤儿沐英等20余人收为养子。俗话说，"打虎亲兄弟，上阵父子兵"，朱元璋大量的义子为其取得天下立下了汗马功劳。后来，他每攻下一处战略要地，都留下一名义子协同将官镇守。他这样做有两个目的：一是加强守备力量，二是牵制、监视领兵在外的将官。

（三）

在朱元璋进军滁州之时，濠州红巾军也在彭大、赵均用等人的指挥下，乘虚攻占了盱眙、泗州等地。但红巾军内部的形势却不容乐观，因为郭子兴被绑之事，彭大、赵均用结下怨仇，内斗不已。与此同时，孙德崖等人与郭子兴之间的矛盾也有增无减。

不久，彭大忧闷成疾，病发身亡，其子彭早住袭称鲁淮王。彭早住毕竟年轻，缺乏斗争经验，很快就被赵均用等人控制住，成了一个摆设。如此一来，郭子兴自然而然地成了众矢之的。无论是赵均用还是孙德崖，都想置其于死地而后快。

不过，他们还不敢轻易下手。因为郭子兴的女婿朱元璋领兵数万，就驻扎在濠州不远处的滁州。如果朱元璋挥军杀回的话，他们谁也抵挡不了。于是，赵均用、孙德崖等人想了个一石二鸟之计。他们给朱元璋下了一道命令，让他率部镇守盱眙。

朱元璋是何等聪明之人！他一眼就看穿了赵均用等人的阴谋。为此，他立即从两个方面着手，击败了赵均用的险恶用心。他派使者直接来到濠州，对赵均用说：

"滁州方面军情紧急，部队无法转防。一旦滁州失守，元军从集庆进攻濠州的话，我军将陷入极其被动的境地。"

赵均用是个没主见的人，一听这话，心里就有些打鼓了。万一大股元军真的打来，单凭濠州的兵力还真不一定能应付的了。

就在赵均用犹豫不决时，他身边的侍臣进谏说：

"我军虽然取得了不小的战绩，但与元军相比，依然处于下峰。如果此时相煎太急的话，内部生出变乱，恐怕不好收拾。大王何不善待郭子兴，让他领兵去占地方，为大王守疆土呢？"

赵均用沉思半晌，觉得这位侍臣说得有理，就给了郭子兴1万人马，让他去协助朱元璋守滁州。

赵均用的这位侍臣为什么会帮助郭子兴说话呢？原来，朱元璋在派使者觐见赵均用的同时，又派了几个人携带金银珠宝去贿赂他身边的人。

就这样，郭子兴领着1万人马来到滁州。这时，朱元璋又做出了一个让所有人都大吃一惊的决定：将所有兵马交予郭子兴指挥。此时，朱元璋以镇抚之名掌控着4万余人，而郭子兴这位元帅只有区区1万人马。按理说，在当时那个弱肉强食的时代，郭子兴应该听从朱元璋的调遣才是。但朱元璋很聪明，他知道自己年纪尚轻，在军中没有什么威望，而且郭子兴又是他的岳父，如果让其听从自己的调遣，一定会招来非议。于是，他便将两军合为一处，交给郭子兴统率。这支部队就是历史上著名的"滁阳一旅"。

朱元璋、郭子兴等人在滁州住了一段时间，不觉秋去冬来。11月，突然从高邮（今江苏省高邮市）传来消息，大元王朝的丞相脱脱领兵大败农民起义军张士诚所部。

张士诚，字确卿，乳名九四。他出生于兴化白驹场（今属江苏省大丰市）一个贫苦的盐民之家。至正十三年，当农民起义的烈火烧遍大江南北时，张士诚与其弟士义、士德、士信及李伯升等18个人在兴化率盐丁起兵反元，史称"十八条扁担起义"。

与朱元璋、郭子兴等人不同的是，张士诚所部自成体系，并不归属红巾军。张士诚所部迅速壮大，并很快攻占了泰州、兴化、高邮等地，掌控盐场36处，富甲一方。至正十四年正月，张士诚自称诚王，国号大周，年号天佑，建都高邮。

至正十四年9月，元顺帝钦命右丞相脱脱征讨张士诚。脱脱不愧为元朝的一代名相，他立即调集各行省的主力部队，并从西域调来大批色目人士卒，共计40余万人，号称"百万"。

面对元朝正规军的疯狂进攻，张士诚所部遭到了前所未有的重创，几次出兵阻击均以失败告终，最后只得退守高邮。

脱脱趁机令士卒将高邮团团围住，企图困死张士诚。为防止附近的农民起义军前来救援，脱脱又分兵围攻六合（今江苏省南京市六合区）、兴化、盐城等地。张士诚陷入了孤军作战的境地，不得不向郭子兴等红巾军首领求助。

（四）

六合是一座坐落在滁州之东、长江之北的小县城。就整个天下而言，这里算不上什么战略要地。但结合朱元璋、张士诚等人的兵力部署来看，六合就非常重要了。一旦元军攻陷六合，被困在高邮的张士诚所部就会失去外援，而朱元璋所在的滁州也会失去东面的屏障。

正所谓"唇亡齿寒"，聪明的朱元璋不可能不明白这个道理。因此张士诚的求援信一到，朱元璋立即找郭子兴商议发兵救援六合之事。不巧的是，性格暴躁、心胸狭窄的郭子兴与六合守将有私人恩怨，不愿发兵救援张士诚。

朱元璋动之以情，晓之以理，终于说动了郭子兴。不过，郭子兴也提出了两个条件：第一，他不会亲自领兵去救六合；第二，他不强求属下去救，而是让诸将自愿领兵前往。

大家都知道，脱脱兵强马壮，号称有百万之师，红巾军将领谁也不敢前去。无奈之下，朱元璋只得亲自统兵前往。

朱元璋一到六合，就发现自己太莽撞了。元军虽然没有百万，但那排山倒海的气势依然让人望而生畏。两军混战一场，结果红巾军大败，仓皇向滁州方向逃窜。朱元璋担心元军会乘胜追击，在途中留下了一支伏兵。

朱元璋的判断是正确的。元军占领六合之后，立即挥师西进，追击红巾军。蒙古骑兵虽然骁勇善战，但却没什么谋略。他们似乎根本没想到朱元璋会在途中设有伏兵。当他们追击到离滁州几十里的地方时，朱元璋突然领兵杀出，元军被打得措手不及，仓皇逃窜。

朱元璋打了一个小胜仗，俘获马匹、器械甚多，但这并不能改变敌强我弱的现实。所谓"识时务者为俊杰"，朱元璋略一沉思，就派使者与元军将领接触，说是愿意与元兵修好。大多数元军将领都不愿意打仗，现在听说朱元璋愿意讲和，忙派出使者与其接触。朱元璋大喜，立即派地方父老把俘获的马匹、兵器交还给元军，并打点酒肉犒劳元兵。

朱元璋与元军将领把酒言欢，尽说些好听的话。他说：

"我们之所以团结守卫，完全是为了防备其他盗贼，而不是与天兵作对。今天不慎得罪天兵，朱元璋情愿贡奉大军所需的粮草，并力去打高邮。"

元军将领们听了朱元璋的这番话，信以为真，遂引兵而去。这样一来，滁州之危自然就解除了。现在看来，这是件很奇怪的事。在元军看来，张士诚是反贼，朱元璋也是反贼，他们为什么会和张士诚打得不可开交，而愿意跟朱元璋讲和呢？

推断这其中可能有两方面的原因：

第一，元顺帝交给脱脱的任务是打张士诚，而不是打朱元璋。脱脱与张士诚所部激战了3个多月，虽然占据伤风，但依然没能攻破高邮。如果此时元军再与朱元璋打起来，谁胜谁负就不好说了。

第二，张士诚犯了朝廷的大忌。在漫长的封建社会，农民起义始终没有停息过，统治者已经习惯了。因此，他们绝不会把那些小打小闹的起义放在心上。但是，一旦有人称王称帝，那性质就不一样了。所谓"天无二日，民无二主"，一个国家只能有一个最高统治者。张士诚起兵没多久就建国称王，元顺帝自然无法容他。朱元璋在红巾军诸将中虽也小有名气，但就当时来看，他似乎并没有太大的野心。

朱元璋与元军"修好",高邮方面的压力就大了。脱脱指挥元军四面围城,日夜攻打。张士诚所部损失惨重,只剩下几千人,守城器械使用殆尽,粮草也越来越少。一些将领顶不住了,建议向元军投降。张士诚大怒,痛斥道:

"这个时候投降就等于自寻死路。我等与元军激战数月,杀敌无数,如果投降了,脱脱岂会饶我们不死?"

诸将听着有理,便不再提投降之事了。从此之后,张士诚每天都和他的几个弟弟亲自登上城墙指挥作战。士卒们见状,士气高涨,无不拼死抵抗。既然投降是死,抵抗到底也是死,倒不如抵抗到底,死得轰轰烈烈。

两军又混战了一段时间,张士诚渐渐抵挡不住了。就在这时,脱脱的后院起火了。至正十五年(1355)初,脱脱的政敌哈麻唆使监察御史弹劾脱脱,说他"出师三月,略无寸功,倾国家之财以为己用,半朝廷之官以为自随"。

没什么主见的元顺帝一听这话,有点害怕了。哪个皇帝不担心自己手下的大臣拥兵自重呢?于是,元顺帝立即下诏书斥责脱脱"坐视寇玩,日减精锐,虚费国家之钱粮,诳诱朝廷之名爵",并削去了他的兵权。继而,元顺帝又任命河南行省左丞相太不花、中书平章政事月阔察儿和知枢密院事雪雪为前线指挥,率军继续攻打高邮城。

临阵易帅向来是兵家大忌,但元顺帝却偏偏犯了这一大忌。脱脱的去职造成了各省军队群龙无首,调度不灵,元军立即陷入一片混乱之中。张士诚抓住这一有利战机,立即率部杀出重围,站稳了脚跟。

朱元璋当了皇帝后，对臣下很不放心，不但设置锦衣卫监视他们，还经常微服走访，亲自担任"检校"。有一次，朱元璋悄悄来到弘文馆学士罗复仁家旁边的小巷子，见罗复仁居住简陋，而且亲自粉刷墙壁，深受感动，立即赐了一所宅院给他。

第八章　手握实权

燕子矶兮一秤砣，长虹作竿又如何。天边弯月是钓钩，称
我江山有几多。

——（明）朱元璋

（一）

脱脱被元顺帝贬到了淮安路（治所在今江苏省淮安市），其弟御史
大夫也先贴木儿被安置于宁夏路（治所在今宁夏自治区银川市）。不
久，脱脱再遭陷害，元顺帝下令将其与也先帖木儿一起流放到云南。

在西行的路上，脱脱被鸩死于吐蕃（今西藏自治区）境地。元朝最
后一位名相和有作为的将军脱脱就这样死了，元朝彻底覆灭的命运再
也无法改变了。

脱脱死了，郭子兴、张士诚等人如释重负。郭子兴把朱元璋叫到跟
前，对他说：

"如今四方将定，我们又兵强马壮，正是南下称王的大好时机啊！"

朱元璋一听自己的岳父要南面称王，大吃一惊，他无论如何也没想
到郭子兴竟然会如此短视。当时脱脱虽然死了，但元兵的根基并未动
摇，随时都可以集结数十万大军。所谓的四方将定，也不过是一种假

象而已。而郭子兴一旦称王，元顺帝立即就会像对付张士诚一样对付红巾军。到那时，郭子兴这支队伍就会成为元军的靶子。更何况，滁州地狭，又四面皆山，缺乏粮草和战略回旋的空间，一旦元军来攻，红巾军根本无法长期固守。

朱元璋把这些利害关系一一说给郭子兴听。郭子兴表面上答应了，但心里却十分不爽。从此之后，他更加讨厌朱元璋了。

朱元璋说的很对。滁州地域狭小，粮草不足，几万大军骤然来临，想要维持生存绝非易事。至正十五年正月，粮草危机爆发了。郭子兴急得像热锅上的蚂蚁，到处乱转，但却想不出一点办法。所谓"兵马未动，粮草先行"，一旦出现粮草危机，军心必乱。

朱元璋沉思了一会儿，对郭子兴说：

"元帅，不如我们南取和州，移兵就食。"

郭子兴愁眉苦脸地说：

"和州也大不了多少，那里能养活这么多人马吗？"

朱元璋附在郭子兴的耳边，低声道：

"和州自然无法养活这么多人马，但集庆可以啊！"

郭子兴顿时会意，朱元璋是想拿和州当跳板，以便攻取集庆。于是，郭子兴立即召集诸将，商议进军和州的有关事宜。

大军将要出发之时，虹县人胡大海带着一家老小来投朱元璋。胡大海长身铁面，智力过人，是个不可多得勇将。朱元璋十分器重他，令他任前锋，领兵攻打和州。和州的元军守备薄弱，不堪一击。朱元璋几乎没费什么力气，就攻下了城池。

郭子兴闻讯大喜，立即升朱元璋为总兵官，镇守和州，节制诸将。此时，朱元璋年仅28岁，诸将心中多少有些不服气。怎么才能让诸将听从自己的号令呢？朱元璋想出了一个办法。

平时，诸将在议事时都会按照自己的官位和资历分坐在大厅的公座上，谁也不会乱了规矩。这天朱元璋却悄悄让人把公座撤掉，只在大厅上摆了一排木凳。

第二天上午，诸将到大厅议事，朱元璋故意晚到了一会儿。诸将来后，已经按照自己的官位和资历坐在木凳上，只留下左手边最后一个座位。元朝的习惯是以右手为尊，左手边最后一个座位是留给官位最低、最年轻的将官的。

朱元璋看了看，一句话也没说，就坐了下来。到正式议事时，诸将都像木偶一样，坐在那里面面相觑，一句话也说不出来。朱元璋则滔滔不绝，条分缕析地分析起来，且所说的无不入情入理，诸将这才意识到自己皆比不上朱元璋。

几天后，朱元璋又召集诸将商议修理城池之事。经过战火的洗礼，和州城已经残破不堪，急需加固。为了早日完工，朱元璋和诸将约定以三日为限，违期以军法论处。诸将领了任务之后，便各自忙活开了。

三天后，只有朱元璋负责的那段工事完工了，其他将领都没有完成任务。这时，朱元璋故意装出一副气势汹汹的样子，立即召集诸将，南面而坐，亮出郭子兴的令牌，严肃地说：

"本总兵奉命节制诸公之兵，不曾有丝毫怠慢诸公之处。但今天大家都没有完成任务，怎么办呢？为了对大军和元帅负责，本总兵只好动用军法了。"

诸将坐在下首，默默无言，不知如何是好。这时，李善长突然站了出来，对朱元璋说：

"念在诸将初犯，还请总兵大人饶过大家一次，下不为例！"

朱元璋看了看李善长，心领神会，便又大声说道：

"既然先生为诸公求情，本总兵就暂且饶过大家这一次，但绝对不能有下次！"

诸将听了这句话，心中的大石头终于放了下来。从此之后，朱元璋在诸位将领中的威望日盛，地位也逐渐稳固了。

（二）

树立威望之后，朱元璋又开始着手整治军纪，收拢民心。一天傍晚，朱元璋领着几位心腹之人在城中巡视，忽然看见一个小孩在路边啼哭不住。朱元璋走上前去，问道：

"你的父母在哪里？你为什么在此啼哭不止？"

孩子啜泣着回答说：

"我的父母都被官人抓去当差了。"

孩子口中的官人是指红巾军将士。原来，红巾军攻陷和州后，各路将领大肆掳掠，将满城的成年男女抓去军中充当杂役，闹得百姓妻离子散，家破人亡。

朱元璋看着这个可怜的孩子，叹息道：

"百姓是军队的衣食父母，如果只知道扰民劳民，只会自取灭亡。"

回到军营之后，朱元璋立即召集诸将，下令道：

"大军从滁州来此，大家都没有带家室，个个都是单身。如今我等已经攻破和州，俘虏的妇人、女子，惟有无夫或未嫁者可以纳之。百姓是军队的衣食父母，如果得罪了他们，我们今后如何立足？传我将令，将所有有夫之妇尽皆放还。"

第二天，诸将便遵从朱元璋的将领，将有夫之妇全部放出军营。朱元璋此举赢得了满城父老的欢迎，逐渐在和州站稳了脚跟。

然而，还没过上几天清净日子，麻烦又接踵而至。一天上午，朱元璋与诸将正在大厅议事，把守城门的军官突然来报：

"孙德崖元帅率大军已经开到城外，是否开门迎接？"

朱元璋闻讯大惊，慌忙领着诸将登上城墙，查看情况。朱元璋放眼望去，只见孙德崖所部在城外列阵而待，似乎有攻城的迹象。

朱元璋忙打开城门，飞马来到阵前，向孙德崖欠了欠身，问道：

"元帅何以引兵至此？"

孙德崖微微一笑，回答说：

"本帅闻知将军正在和州，特领兵前来相助。不料来晚了一步，将军已经攻下了城池。"

朱元璋看着孙德崖的架势，心里暗想道：

"相助是假，前来就食是真吧！濠州是个小地方，养活不了这么多人马。看他这架势，如果不放他进城，就要硬攻了。不如先稳住他，再想办法。"

想到这里，朱元璋说道：

"多谢元帅的美意。既然大军已经来到和州城下，还请元帅进城歇息一段时日。"

孙德崖也不跟朱元璋客气，领着大军就进了和州。孙德崖一来，立刻将和州城闹得鸡犬不宁。他的部下四下掳掠，奸淫妇女，弄得民怨沸腾。

驻守在滁州的郭子兴听说孙德崖进了和州，立刻怒气冲天。他点起大军，连夜赶到和州。朱元璋来不及迎接，只得赔着小心，说些好话来宽慰岳父大人。

第二天，天还未亮，孙德崖就派人对朱元璋说：

"郭元帅来了，本帅就要离开了。"

朱元璋见势不妙，一边派人去知会郭子兴，一边亲自去劝慰孙德崖。朱元璋与孙德崖寒暄了一番，尽量装出一副真诚的样子，说道：

"元帅何必着急离开呢！"

孙德崖"哼"了一声，不满地说：

"本帅和你的那个岳父大人实在相处不了。"

朱元璋见孙德崖真的要走，心下大喜。他附在孙德崖的耳边，低声说道：

"如今两军相处一城，元帅须提防对手的小动作。末将以为，元帅不如让大军先行，您亲自殿后。"

孙德崖听罢，拍了拍朱元璋的肩膀，笑道：

"本帅也是这么想的。朱总兵见识不凡，前途无量啊！"

当天上午，孙德崖的大军便缓缓开出了和州城。朱元璋领着几名亲信，亲自为大军送行。送了一段路程后，朱元璋正准备率军返回，后军突然传过话来，说城里两军已经打起来了。朱元璋大惊，急忙领着亲信往回奔去。

（三）

朱元璋正飞马往和州城的方向赶去，突然被几十名全副武装的将士拦住了。朱元璋见其中有不少人是旧识，便放松了警惕。这时，孙德崖的将军们问朱元璋：

"城内发生火并，总兵是否知情？"

朱元璋回答说：

"朱某不知。"

一位将军"哼"了一声，冷冷说道：

"将军怎么会不知道呢？依我看，这肯定是你和你的岳父合谋定下的计策。你们让我大军先出城，留孙元帅殿后，正是为了谋害孙元帅。"

朱元璋自知有口难辩，便寻了一个机会，勒马冲出人群，向和州方向逃去。孙德崖的几位亲信带着几十名亲兵在后面紧追不舍。朱元璋心里暗想，万一落在他们手里，自己的命也就保不住了。

正想着，朱元璋突然感觉背上传来一阵剧烈的疼痛。他用手一摸，满手是血。不好，他中箭了。好在朱元璋披着铠甲，伤势不大严重。他又骑马跑了一阵，突然战马嘶鸣一声，因受伤倒在地上，朱元璋也被摔了出去。

几名士卒冲过来，七手八脚地把朱元璋绑了起来。孙德崖的一位部将说：

"不如杀了他，替元帅报仇！"

另外一名将领急忙阻止道：

"现在还不是杀他的时候。孙元帅生死未知，赶快派人到城里去打探消息。"

几名士卒又飞马冲入和州城，见孙德崖已经被郭子兴所俘，正在那里无可奈何地与郭子兴喝酒呢！

郭子兴听说女婿朱元璋被抓住了，心里虽然盼着他早点死，但碍于当前的形势，也不得不召集诸将商议对策。

孙德崖冷笑着说：

"这还有什么好商议的。元帅若放孙某回去，朱元璋也一定能够平安返回。不然的话，你就等着为你的好女婿准备后事吧！"

郭子兴冷笑道：

"本帅凭什么相信你？如果本帅放你回去，你不放元璋怎么办？"

汤和、徐达等人也在一旁附和道：

"是呀，我们必须想出一个万全之策才行！"

这时，一旁的李善长说道：

"我看不如这样，我军先派一员大将到孙元帅军中为质，把朱总兵换回来。我们一见到朱总兵，立即放孙元帅回去。届时，孙元帅再将我们派去为质的大将放回来。"

孙德崖沉思半晌，也点点头说：

"好，那就这么办吧！"

汤和、徐达等人一听，都自告奋勇地说：

"我等情愿到元帅军中为质，去换回朱总兵。"

郭子兴与孙德崖商议了半天，最后决定派徐达去当人质。

三天之后，朱元璋满面憔悴地回到和州，郭子兴也按照约定将孙德崖放了回去。最后，徐达也全身而退，回到朱元璋的身边。

就在孙德崖与郭子兴火并之时，东系红巾军的内部也爆发了激烈的矛盾。元至正十五年二月，刘福通派出的密探在砀山夹河（今安徽省砀山县附近）访到了韩山童之子韩林儿的下落，并将其接到亳州，拥立为帝，又号小明王，国号宋，建都亳州，年号龙凤。

小明王遵母杨氏为皇太后，以杜遵道、盛文郁为丞相，刘福通、罗文素为平章政事，刘福通的弟弟刘六为知枢密院事。他们的军旗上写着：

"虎贲三千，直抵幽燕之地。龙飞九五，重开大宋之天。"

从理论上说，韩林儿称帝在形式上完成了东系红巾军的统一，应该能够化解红巾军各派系之间的矛盾。但事实并非如此，因为真正掌握东系红巾军大权的是刘福通，而韩林儿却任命杜遵道为丞相，这就进一步激化了与刘福通之间的矛盾。

红巾军总部一团乱麻，和州城中的形势也不容乐观。孙、郭的火并结束没多久，郭子兴便忧愤成疾，一病不起，并于三月间不治而亡。

郭子兴死后，他的部将立即陷入一片混乱之中。为了稳定形势，诸将公推郭子兴的妻弟张天佑到亳州去觐见小明王。

小明王先是嘉奖一番郭子兴，然后私底下问杜遵道，该如何安排滁阳一旅的人事。杜遵道大致了解了军中的情况之后，决定委任郭子兴之子郭天叙为都元帅，任张天佑为右副元帅，任朱元璋为左副元帅，军中文告皆用龙凤年号。

朱元璋闻讯后大怒，说道：

"大丈夫岂能受制于人！我朱元璋虽然不才，但还轮不到他杜遵道和韩林儿来管我！"

汤和、徐达、李善长等人见面，急忙劝止：

"大丈夫能屈能伸，不可意气用事。当前，韩林儿的实力在起义军中最为强大，可以作为靠山，不如暂用龙凤年号通令全军。"

朱元璋听后觉得有理，只得强压怒火，接受了这一建议。后来的事实证明，汤和等人的建议对朱元璋攻取天下是很有帮助的。

在滁阳一旅中，表面上看，郭天叙和张天佑是当仁不让的领袖，但军政大权实际还是掌握在朱元璋手中。郭天叙并无指挥经验，张天佑又是一介武夫，遇事不决。因此，朱元璋自然而然地成了滁阳一旅的灵魂人物。

　　为了让大明江山永远姓朱，朱元璋尽诛开国功臣。但有一个人却老有所终，这个人就是汤和。一则是因为汤和很有自知之明，一看朱元璋开始杀人了，就立刻交出兵权，告老还乡；二则是因为朱元璋感激他当初写信邀请自己参加红巾军。

第九章　抢占集庆

雪压枝头低，虽低不着泥；一朝红日出，依旧与天齐。

——（明）朱元璋

（一）

至正十五年（1355）4月，虹县人邓愈、怀远人常遇春等人来到和州。

邓愈，原名石友德，自幼聪慧好学，素怀平定天下之志。当农民起义之火烧遍大江南北时，邓愈的义父邓顺兴便被乡人推为练总，率领人民，保境安民。

不久，邓顺兴在与元军作战中中箭身亡，邓愈之兄石友隆便接掌兵权。至正十四年，石友隆又病故，16岁的邓愈遂继掌兵权，亲率人马与元军作战。

邓愈足智多谋，身高体壮，武艺高强，每次战斗均身先士卒，冲锋陷阵，奋力拼杀，元兵多不敢与之交锋。泗州、灵璧、盱眙等地人民闻风纷纷归附于他，求其保护。

至正十五年4月，邓愈闻知朱元璋有匡扶天下之才，便领兵来投。朱元璋闻讯后大喜，亲自出城相迎，并立即任命邓愈为总兵。

常遇春，字伯仁，出生于一个贫苦的农民家庭。他虽然没读过什么书，但貌奇体伟，勇力过人，猿臂善射。天下大乱之时，23岁的常遇春啸聚绿林草泽之中，跟随在强盗刘聚的左右。刘聚好狠斗勇，不是一个能成大事之人，常遇春见其没什么出息，便来到和州，投奔了朱元璋。

朱元璋见常遇春只身来投，也没拿他当回事。常遇春心中很不高兴，就大声说道：

"启禀元帅，我是来做先锋的。"

朱元璋看了看自信满满的常遇春，不禁笑了起来。他说：

"壮士刚到军中，尚无尺寸之功，本帅怎么能贸然任命你为先锋呢？不如这样，你先留在军中，待你立了大功，本帅自然会封你一个先锋官。"

常遇春还是有些不满，嘟哝道：

"元帅也太小看人了。好吧，那我就先做个步卒，反正这先锋官早晚是我的。"

朱元璋率部在和州呆了一段时日，不觉春去夏来。和州是个小地方，粮草匮乏，朱元璋在这里盘桓了几个月后，军中的吃穿用度渐渐捉襟见肘。朱元璋想打集庆，但又没有必胜的把握，只好退而求其次，先打集庆周边的城池。这样一来，长江南岸的太平（今安徽省当涂县）便成了滁阳一旅进攻的首要目标。

太平不但战略位置重要，而且物产丰富，攻下它就等于攻下了集庆。该城南靠芜湖，东北达集庆，东倚丹阳湖（今安徽省当涂县博望镇南部）。占领了该城，滁阳一旅便可直接北攻集庆，南取芜湖。丹阳湖周边的高淳（今江苏省高淳县）、宁国（今安徽省宣城市）皆是鱼米之乡，解决几万大军的粮草不成问题。

进攻目标是有了，但怎么打呢？和州与太平隔江而望，要想从和州攻打太平，就必须渡过浩浩的长江。可是，滁阳一旅只有马步军，没有水军，怎么办呢？

就在朱元璋一筹莫展之时，巢湖水军头领李国胜遣使来见。

李国胜，绰号李扒头，原是打家劫舍的强盗头目。天下大乱之后，巢湖一带的豪门俞廷玉、俞通海、廖永安等人纠集地方武装，推举李扒头作为头领，双刀赵普胜坐第二把交椅，屯泊巢湖，保境安民。李国胜手中有水军万余人，大小船只千余条，横行一方。

后来，红巾军首领左君弼进驻庐州，多次与李国胜交锋。李国胜屡战屡败，咽不下这口气，遂派人与朱元璋联络，希望他能替自己报仇。

朱元璋闻讯后大喜，立即带领几名亲信，亲自到巢湖去见李国胜。

李国胜等人见朱元璋亲自来商谈合作事宜，喜不自胜，立即答应与滁阳一旅共同渡江作战。但是，巢湖水军出入巢湖的水路皆被元朝中丞蛮子海牙扼守住了，李国胜的大军根本无法进入长江。朱元璋、李国胜等人十分着急，却又无计可施。

就在这时，忽然天降大雨，河湖皆平，水道广阔，给巢湖水军进入长江创造了有利的条件。朱元璋、李国胜乘机带领水军避开元军的防守，进入长江。

（二）

至正十五年六月初一，朱元璋一声令下，数万水陆大军乘风渡江，直达采石矶。采石矶突兀江中，绝壁临空，扼据大江要冲，水流湍急，地势险要，自古为兵家必争之地。一旦攻克了采石矶，拿下太平就是轻而易举的事了。

元兵据险而守，蚁集在矶上，纷纷用乱箭射杀朱元璋所部。水军不

85

得靠前，只得纷纷后退。朱元璋见状，命船队避开箭石，一字排开，高声喊道：

"谁先登上矶头，我当封他当正先锋！"

朱元璋语音刚落，常遇春飞身而至。朱元璋见状，大声说道；

"壮士来得正是时候，你不是要当先锋吗？现在机会来了！"

常遇春大笑几声，跳上一条小船，左手执盾，右手挺戈，向岸边冲去。眼看距岸不远，常遇春大吼一声，挺戈乱刺。岸上元兵见状，吓得目瞪口呆，一名士兵急用长矛刺他。

常遇春迎着矛尖不避不闪，戈盾并举，夹住矛杆，用力一拉，顺势就跳到了岸上。他左右冲突，刺翻数人。元军见常遇春勇不可挡，不敢力敌，纷纷后退。

朱元璋乘势将令旗一挥，大军掩杀过去，登上了江岸。元军四处溃窜，不敢再战。沿江的守军见大势已去，望风而降。

战斗结束后，朱元璋来到常遇春身边，亲手将先封印递到他的手上，朗声说道：

"壮士果然是先锋之才！"

从此，常遇春的威名便传开了。在此后的战斗中，元军只要遇到打着常遇春旗号的部队，都吓得纷纷后退，不敢接战。

拿下采石矶之后，大军获得粮草、辎重无数。诸将得到了粮草，不愿再战，都想带着粮草退回和州。朱元璋见状，忧心不已，忙将徐达、汤和等人叫到身边，与众人商议对策：

"渡江之役首战告捷，如果就这样回去的话，江东之地便落入他人之手了。"

朱元璋所说的"江东"是指长江以东的地区。今安徽芜湖至江苏南京段长江大致呈西南东北走向，以东地区被称为江东，又称江左；以西地区称江西，又称江右。江东大致包括今安徽省南部、江苏省南部、浙江省北部、江西省东北部等地，皆是富庶繁华之地。朱元璋怎么会甘心将这块"肥肉"拱手让给他人呢？

徐达沉思片刻，回答说：

"元帅何不学楚霸王项羽，破釜沉舟呢？"

朱元璋一听，大笑道：

"徐将军真是深知本帅之意啊！"

于是，朱元璋立即传令砍断船缆，把大小船只悉数放诸江流，自断退路。诸将闻讯大惊，立即来见朱元璋。朱元璋笑着说：

"诸位难道不知军法上有'置之死地而后生'的说法吗？"

几位性情急躁的将军大声反驳道：

"船都没了，还怎么生！我们的家人老小还都在和州呢！"

朱元璋心平气和地安慰大家说：

"大家尽管放心，等攻下太平，子女玉帛任你们搬运。"

诸将听罢，这才转怒为喜，立即整顿军马，跟随朱元璋向太平扑去。为了得到所谓的"子女玉帛"，将士们个个奋勇当先，爬上城墙攻打元军。防守太平的元军一看朱元璋的军队来势汹汹，根本没做什么抵抗，就纷纷投降了。

诸将一拥而入，想要掠取"子女玉帛"。然而他们一进城就发现，民房上到处都张贴着朱元璋的告示。告示上写着：

"任何人不许掳掠，违令者杀无赦！"

诸将一见，心中不服，暗暗骂道：

"这个朱重八，他亲口答应，子女玉帛任我们搬取。现在太平攻下来了，他又给我们来这一套！"

一个步卒偏不信邪，冲进民房就要掳掠财物和妇女。朱元璋闻讯，立即派执法队前去执行军令。执法队将那名抢劫的步卒押到大街上，公开处死。太平的百姓见状，无不对朱元璋感恩戴德的。

为了平息诸将的怨气，朱元璋令当地的地主、富户献出了一些金银财宝，犒赏三军。诸将得到了好处，这才不再提什么"子女玉帛"的事情了。

太平战役结束的第二天，朱元璋便将李国胜等巢湖水军头领召入大厅，摆酒庆功。在酒宴上，朱元璋左一声"李将军"，又一声"李将军"，叫得李国胜这个强盗头目好不得意。李国胜不觉多喝几杯，回到营房倒头就睡。

朱元璋见状，立刻叫来几位亲信，附在他们耳边低声吩咐了一番。当天傍晚，巢湖水军将士就发现，他们的头领李国胜不见了。双刀赵普胜暗惊道：

"难道朱元璋想要夺取我们的水军？我看李头领多半已经被他投入长江喂鱼去了。"

当晚，赵普胜就投奔徐寿辉去了。在至正十三年时，徐寿辉曾被元军打得晕头转向，丧城失地，损失惨重。彭莹玉也在浠水之战中兵败身死（一说在杭州战死）。徐寿辉慌忙率部退到黄梅一带打游击，企图重振旗鼓。

不久，徐寿辉就率西系红巾军大举反攻，重新夺取了长江中游一带，建都汉阳，改国号为天完，并任命倪文俊为丞相，总理内政；任命邹普胜为太师，节制各路大军；任命丁普郎、傅友德等人为将。赵普胜来投靠徐寿辉时，正是徐寿辉用人之际。他十分高兴，立即给了赵普胜一个将军职位。

赵普胜成了天完政权的大将军，自然不再将巢湖水军放在心上了。巢湖水军群龙无首，只好投降了朱元璋。

从这之后，朱元璋有了自己的水军。这一点对他日后攻取集庆，乃至击溃天下群雄，取得帝位，都起到了十分重要的作用。

（三）

太平大战之后，当地的两个儒生李习、陶安也来投靠朱元璋。朱元璋很高兴，亲自出门相迎，并问他们：

"先生有何计策教给本帅？"

李习、陶安均劝朱元璋一定要节制诸军，不准烧杀抢掠，以争取民心。朱元璋见他们的意见与自己相同，又问道：

"那本帅怎样才能成就大业呢？"

李习、陶安微微一笑，手指东北方，说道：

"北取集庆，霸业可成。"

朱元璋闻言大喜，他们的意见与冯国用、冯国胜兄弟当初来投时所提出的战略方针不谋而合。于是，朱元璋下令改太平路为太平府，置太平兴国翼元帅府，自领元帅事，以李习为知府，李善长为帅府都事，汪广洋为帅府令史，潘庭坚为帅府教授。与此同时，他又令四乡百姓将粮草悉数运入太平，以备长期固守。

当时，太平四面皆有元军把守。元朝右丞阿鲁灰、中丞蛮子海牙等人扼守着巢湖一带的水路，水军统帅陈野先则率领大将康茂才以数万众攻打朱元璋。

康茂才是蕲县（今安徽省宿州市蕲县镇）人。天下大乱之时，他在家乡联结义兵保卫家乡，被朝廷授淮西宣慰司、都元帅之职。朱元璋领兵渡江之时，防守采石矶一带的正是康茂才。

听说康茂才来攻城，朱元璋立即召集诸将商议应对之策。徐达、邓愈、汤和等人主张拼死抵抗，并从城中潜出一军，去打陈野先。陈野先遇袭，定会召康茂才回援。届时，太平之围自然就解除了。

朱元璋深以为然，随后吩咐拿出府库中的资财，犒赏将士，固守城池。当晚，他又派出一支队伍潜出城去，从敌人背后发起猛攻。陈野先果然不敌，慌忙召康茂才回援。

朱元璋抓住这一有利时机，尽出城中之兵，两面夹击陈野先所部。两军混战一场，元兵溃败，陈野先被俘，康茂才也领着败兵逃到别处去了。

陈野先是个两面三刀的软骨头，朱元璋没下什么功夫就说降了他。两人宰白马、乌牛，祭告天地，结为兄弟。

第二天，陈野先便将全军交给朱元璋指挥。元将阿鲁灰等人见大势已去，只得引兵往集庆方向而去。

朱元璋不但细心，还很有机谋。他知道陈野先并不是真心投降自己，而是想保存实力，以图东山再起。朱元璋怎么会给他东山再起的机会呢？于是，他和李善长等人秘密策划了一个一石二鸟的方案。

当天晚上，朱元璋将陈野先、张天佑、郭天叙等人叫到大厅，商议进攻集庆之事。陈野先皱着眉说：

"固守集庆的是江南行台御史大夫福寿。此人治军甚严，又有计谋，恐怕一时间无法打下集庆。"

朱元璋笑着说：

"福寿不过一介儒生，他所依仗的也不过是苗军将领阿鲁灰而已。阿鲁灰所部军纪散漫，日日烧杀抢掠，早已失去民心。而且，他素来怠慢将士，士卒多有不服。如果我军在此时攻城，苗军士卒定然会群起而杀之。"

张天佑、郭天叙等人虽然没什么军事才能，但却野心勃勃。他们不满朱元璋一直把持军政大权，总想着夺权。此时见朱元璋要打集庆，心想：这正是自己独揽大权的好时机。于是，他们纷纷附和道：

"此时不打，更待何时？"

朱元璋随即命令道：

"即日起，请陈兄将指挥权交给郭、张二位元帅，让他们前去攻打集庆。"

陈野先无奈，只好听从朱元璋的安排，把指挥权交给郭天叙和张天佑，让他们领着大军去攻打集庆。

临行前，陈野先果然暗中嘱咐手下将士说：

"我等与红巾军有不共戴天之仇。你们此去攻打集庆，只要装装样子就可以了。等我三两日之后脱身，自会领着你们再来攻打朱元璋，报仇雪恨。"

张天佑、郭天叙领着大军去攻打集庆，但由于陈野先所部不愿参战，福寿又据险而守，红巾军激战数日，不但没有攻下集庆，反而损失惨重。

（四）

朱元璋接到郭天叙、张天佑兵败集庆的消息之后，故意放走陈野先。陈野先立即召集旧部，重整旗鼓，准备和福寿里应外合，夹击郭天叙、张天佑所部。福寿闻讯大喜，立刻派出使者与陈野先约定了夹击的暗号。

陈野先领兵来到集庆外围，在郭天叙的大军背后安下营寨。安顿完毕后，他又派使者前去邀请郭天叙、张天佑等人赴宴。郭天叙以为陈野先是朱元璋派来的援军，没有丝毫防备，和张天佑等人欣然而往。陈野先也十分殷勤地接待了他们。

酒过三巡之后，陈野先欠了欠身，故意装出一副很不好意思的样子说：

"十分抱歉，我去去就来。"

郭天叙、张天佑起身还礼，大度地说：

"请自便。"

陈野先刚刚步出大帐，几十名全副武装的士卒便一拥而入，一阵乱砍。郭天叙被当场砍死，张天佑被生擒。

随后，陈野先一边派使者飞马联系福寿，准备夹击红巾军；一边派人将张天佑押解到集庆，交由福寿处置。福寿大喜，立即下令将张天佑处死，并发兵攻打红巾军。

郭天叙、张天佑死后，攻打集庆的红巾军群龙无首，调度不灵，很快就败下阵来，死伤两万余人。陈野先立即率部追击。

追到溧阳（今江苏省溧阳市）时，陈野先马乏掉队，遇到了当地民兵。民兵以为他要投效红巾军，不由分说，就将其斩杀于马下。

陈野先死后，他原先的部队由他的小儿子陈兆先接管，驻扎在方山（山名，在今南京市江宁区），与蛮子海牙互为犄角，窥伺太平。

就这样，朱元璋用借刀杀人之计除掉了郭天叙、张天佑两个心腹大患，郭家旧部也全部归顺了朱元璋。从此之后，朱元璋成了名符其实的都元帅。

至正十五年9月，小明王韩林儿闻知郭天叙战死，遂任命郭天爵为中书右丞。郭天爵自认为自己才是滁阳一旅名正言顺的接班人，而不是朱元璋，因此经常在背地里发牢骚。朱元璋得知此事之后，便处处限制郭天爵的行动，令他这个中书右丞完全成了摆设。

经过9月的战斗，朱元璋知道红巾军的实力暂时还不足以攻克集庆，便改变了战略方针。随后，他逐步攻取了四周的溧水（今江苏省溧水县）、溧阳、句容、芜湖等一些城镇。如此一来，集庆三面被围，只有北面和水路依然在元军的控制之下。由于在攻打太平时，朱元璋把大小船只全都付诸江流了，因此根本无法从水路进军，只能暂时采取守势。

至正十六年（1356）2月，朱元璋做好了攻打集庆的准备。他先派常遇春为先锋，进攻驻扎在采石矶的蛮子海牙部。常遇春不但勇不可挡，而且善于用计。他避敌锋芒，设疑兵以分元军之势，尔后率水师直接冲入敌阵，将其一分为二，首尾不能相顾。

就在元军在江面上团团转时，常遇春又下令炮击元军。元军不能敌，纷纷投降，蛮子海牙率残部逃进了集庆。由此，常遇春在采石大战中一举击溃了元军水师，俘获船只无数，帮助朱元璋重建了水军。

三月初一，朱元璋亲率水陆大军围攻集庆。驻守在方山的陈兆先抵挡不住，战败请降。朱元璋尽收其兵，得3.6万余人。朱元璋由此也声威大震，随后立即猛攻城池。福寿力战不敌，死于乱军之中；康茂才见大势已去，遂率集庆军民50余万归降了朱元璋；蛮子海牙则逃归张士城。

朱元璋进入集庆后，立即发榜安民。他在告示上写到：

"元朝政治紊乱，干戈蜂起，我来到集庆是为民除乱，而不是想占地为王。希望大家不要慌乱，还像往常一样过日子。城中的贤士，我将以礼待之；元朝不合理的旧政，我将尽力废除。"

安民榜一出，满城百姓皆大欢喜，朱元璋也赢得了民心。

占领集庆后，朱元璋便完成了冯国用、李习、陶安等人提出的战略构想。随后，他立即改集庆路为应天府，设天兴建康翼统军大元帅府，以廖永安为统军元帅，节制各路大军；又以赵忠为兴国翼元帅，镇守太平。

小明王得到捷报后，立即升朱元璋为枢密院同金。不久，他又升朱元璋为江南等处行中书省平章，升朱元璋的部属李善长为左右司郎中，以下诸将都升元帅。

就这样，年仅29岁的朱元璋成了独挡一面的地方大员和指挥10余万大军的红巾军统帅。

朱元璋少年时期没有机会读书，发迹后勤学苦练，不但熟知历史，在文学上也颇有造诣。他能写散文，喜欢研究音韵，时常作诗，甚至作赋。凤阳皇陵碑就是朱元璋亲笔所撰。

第十章　严明军纪

百花发时我不发，我若发时都吓杀。要与西风战一场，遍身穿就黄金甲。

——（明）朱元璋

（一）

占据应天之后，朱元璋的地盘以应天为中心，西起滁州，划一直线到芜湖；东起句容到溧阳。虽然与刘福通、徐寿辉、张士诚等人相比，朱元璋的势力范围还不算大，但是他所处的地理位置却十分优越。

朱元璋所部正东面的镇江被元将定定把持着；东南面的平江（今江苏省苏州市平江区）被张士诚所据；东北面的扬州被青衣军将领张明鉴所据；南面的徽州（今安徽省歙县）被元将八思尔不花所据，宁国在元将别不华的控制之下；西南面的池州（今安徽省池州市贵池区）被徐寿辉所据。

此外，东南外围的处州（今浙江省丽水市）有元将石抹宜孙镇守，婺州（今浙江省金华市）由石抹宜孙之弟石抹厚孙镇守，衢州（今浙江省衢州市）由宋伯颜不花据守。

在各路割据势力中，数元军的实力最为强大，但元将往往各自为战，并没有形成统一的指挥系统。这就大大降低了元军作战的效率。青衣军张明的实力最为弱小。

说到这里，有必要顺便提一下青衣军。史书上关于青衣军的介绍非常少，这可能是因为该武装集团在元末的大混战中并没有起到什么决定性作用。

至正十五年，刘福通等人拥立韩林儿为帝，元顺帝闻讯大怒，立即征召各行省的军队围剿刘福通所部。至正十六年2月，正当朱元璋在采石与蛮子海牙混战时，元军取得了河南大捷，大败刘福通。刘福通不得不令诸将分路突围，向山东、河北及关中一带发展。在突围过程中，李喜喜等将领脱离了红巾军，改红头巾为青头巾，称青巾军，又称青衣军。

在元军全力围剿刘福通所部之时，张士诚乘机攻占了常熟（今江苏省常熟市）、平江、松江（今上海市）、常州等地。张士诚有个特点，那就是待人宽大。他爱民如子，因此免除了势力范围内所以百姓的赋税，结果也深得民心。平江等地的百姓纷纷为他修建祠堂，歌功颂德。不过，在天下大乱之际，他的这一性格特点也注定了他要被朱元璋所灭。当然，这已是后话了。

徐寿辉的实力稍次于元军，比张士诚和朱元璋都要强大。但是，他也有一个明显的弱点，那就是用人不明。此时，他虽然占据了长江中下游的广大地区，但其集团内部矛盾重重，几乎到了积重难返的境地。丞相倪文俊虽然没什么才能，但却野心勃勃，一心想要取代徐寿辉而自立。而倪文俊手下的陈友谅更是处心积虑地往上爬，期待着有朝一日能够取代倪文俊。

倪文俊没什么可怕的，但陈友谅却是一个不凡之人。陈友谅原姓谢，是沔阳一带的渔民，曾在元朝地方政府中干过几年小吏。当徐寿辉的西系红巾军攻占沔阳时，他参加了起义军。由于他能写会道，而且颇有计谋，很快就得到了徐寿辉和倪文俊的重用，被提拔为高级将领。陈友谅表面上将倪文俊尊为先生，背地里却一再与其作对。而徐寿辉对这一切却毫无察觉。

朱元璋和他手下的谋士们正确地分析了各路割据势力之间及其内部的矛盾，最后决定以应天为基地，利用对手相互之间及内部的重重矛盾，远交近伐，使其互相牵制，争取休养生息的有利时机，待时而动。

恰在此时，东系红巾军经过一段时间的休整后，元气大为恢复。不久，刘福通便分兵数路，一路破武关，陷商州，逼进关中；一路攻取山东北部。各路大军又分为几股，分别进击元军据守的战略要地。元顺帝被搅得焦头烂额，不得不将主力部队集结在北方地区，对付东系红巾军。这样一来，朱元璋、徐寿辉、张士诚等人便因此而得到了一个相对和平的环境。

相对于张士诚、徐寿辉而言，形势的发展对朱元璋更加有利。这主要由于张士诚和徐寿辉此时已经称王称帝，而朱元璋在名义上不过是韩林儿手下的一名地方大员而已。因此，徐寿辉与张士诚更容易引起元朝统治集团的注意。

如此一来，朱元璋东面的张士诚、北面的小明王韩林儿以及西面的徐寿辉便成了三道有力的屏障。这三个政权完全可以替朱元璋挡住元军，让他坐享太平。朱元璋也正是利用这些有利条件，一步步地扩大自己的势力范围，完成了自己的战略构想。

（二）

确立了战略构想之后，朱元璋便将目光锁定在镇江和宁国方面。当时，张士诚和徐寿辉风头正劲，实力也远比朱元璋强大。镇守镇江的元将定定孤立无援，完全是一支孤军。如果张士诚率先下手，将直接威胁应天。南边的宁国也处于同样境地，若被徐寿辉据有，朱元璋将腹背受敌。

目光如炬的朱元璋立即分兵攻打镇江、广德（今安徽省广德县）。不过，朱元璋还面临着一个比攻城更大的困扰，那就是粮草问题。自从渡江以来，滁阳一旅一直面临着粮草不足的问题。由于连年战争，加上灾荒病疫，百姓十室九空。不论是元军还是农民起义军，军队的补给方式都是以抢掠为主，朱元璋的部队也不例外。

常言道，"兵马未动，粮草先行"，但在元末的大混战中，军队出征从不带粮草，军队打到哪里就吃到哪里。朱元璋曾明令诸将：

"凡入敌境，听从掉粮。若攻城而彼抗拒，任从将士检括，据为己物。若降，即令安民，一无所取。如此则人人奋力向前，攻无不取，战无不胜。"

所谓的"掉粮"，实际上就是纵兵抢粮。从长远考虑，这并不是解决部队粮荒的有效办法。一则，百姓的存粮有限，经不起各路大军的掳掠；二则，百姓所种的粮食大部分都被军队征去了，这也严重挫伤了百姓的生产积极性。百姓不种粮食了，军队想抢粮也没有地方抢。再说，丧失了民心，最终危及的还是各割据势力的政权建设。

朱元璋很清楚这一做法的危害性。因此，他将徐达从前线叫回来，与他商议对策。两人密谋一夜，终于想出了一条苦肉计。

第二天一早，朱元璋便把徐达绑了起来，说他纵兵抢粮，扰乱民情，应处以极刑。李善长等人不明就里，再三向朱元璋求情，朱元璋才放了徐达，准许他带兵攻取镇江，但有一个条件，那就是不准烧杀抢掠，否则两罪并罚。

徐达忙假意叩头谢恩，然后率领一路大军日夜兼程，轻而易举地杀了元将定定，夺取了镇江，将朱元璋的势力范围向东远远地伸出了一个触角。

大军入城时，镇江果然"市井晏然"，"市不易肆"，仿佛跟没打过仗一样。百姓纷纷感恩戴德，自动自发地为徐达筹集粮草。

朱元璋和徐达上演的这出苦肉计取得了很好的政治宣传效果。元军守城的将领们听说朱元璋军纪严明，不妄杀人，优待俘虏；对投降将官，愿降的授职任用，不降的则礼遣纵归，因此都不愿和他死战。所以当朱元璋大军攻城之时，元军守将往往草草应付一番，就开城投降了。

在这种背景下，邓愈于6月顺利地攻克了广德，堵住后门，窥伺宁国。朱元璋得到战胜的消息，终于松了一口气。

6月，诸将上书请求朱元璋称吴国公，置江南行中书省。朱元璋大喜，立即接受了这一建议，称吴国公，置江南行中书省，自总省事，并分封了有功之臣。与此同时，他又派出使者前往平江，通好张士诚，希望双方能够"睦邻守国，保境息民"。

张士诚此时已经占据了中国最富庶的地区，颇有些财大气粗的意思，根本看不起讨饭出身的朱元璋。因此，他不但扣押了朱元璋的使者，还派兵攻打镇江。

朱元璋闻讯大怒，立即令徐达领兵迎敌。张士诚的队伍鱼龙混杂，战斗力远不如朱元璋的红巾军；再加上徐达有万人不敌之勇。结果张士诚大败，退往常州。徐达随后紧追不舍，将常州城围得水泄不通。

（三）

至正十七年（1357），朱元璋一边与张士诚周旋，一边分兵攻打应天周边的重要城市。到该年年底,长兴(今浙江省长兴县)、常州、宁国、江阴、常熟、徽州、池州、扬州等地,已经被朱元璋占领。元将八思尔不花等人战败潜逃,青衣军将领张明鉴也率部投降。

如此一来,朱元璋以应天为中心的战略防御体系也就彻底形成了。这条战略体系东线北起江阴,沿太湖南到长兴,划成一条直线,堵死了张士诚西犯的门路;北面暂时是小明王韩林儿的红巾军,不必担心;南面在宁国、徽州屯聚重兵,随时可以进击浙东;西线和徐寿辉的天完政权接壤,可以以守为攻。

在与朱元璋的战斗中,张士诚损兵折将,甚至连他的弟弟张士德也被俘虏了。张士诚慌乱不已,却又无可奈何。恰在此时,已经投降元朝的方国珍率部攻占了昆山(今江苏省昆山市)和太仓(今江苏省太仓市)等地。

方国珍是台州黄岩(今浙江省黄岩县)人,以贩盐为业。至正八年11月,元朝的地方巡检到方家追索欠款。当时,方国珍兄弟几个正在吃饭。巡检平日就十分残暴,对方家百般刁难。方国珍义愤填膺,以桌为盾,以杠为矛,格杀巡检,领着几个弟弟逃到了海上,不久后聚众起兵,靠劫夺元朝海运皇粮为生。

在此后的几年中,方国珍的势力不断壮大,并占据了温州、庆元(今浙江省宁波市)一带。后元军浙东元帅也忒迷失、福建元帅黑的儿等人合兵攻打方国珍,方国珍不敌,被迫投降了元朝。

此次,方国珍从南面攻陷了昆山、太仓,朱元璋又从西面攻陷了江阴、常熟等地,张士诚两面受敌,疲于奔命。一些投机分子见形势不妙,立即劝张士诚投降元朝,联合方国珍,攻打朱元璋。

张士诚对此犹豫不决,不知如何是好。这时,他的弟弟张士德偷偷派人给大哥送来一封信,信中劝他说:

"可降元朝，以为之助。"

一个月后，张士诚正式向元朝廷请降。已经疲惫不堪的元顺帝闻讯大喜，立即册封张士诚为太尉，张士诚部的其他将领也都得到了相应的封赏。

投降之后，张士诚立即与朱元璋展开混战。不过，因朱元璋此时已完成了西线的战略部署，张士诚已经无法再对其构成威胁了。

这一时期，朱元璋面临的主要任务是营建以应天为中心的根据地，养精蓄锐，待时而动。攻下徽州之后，朱元璋听说当地的儒生唐仲实、朱升等人很有学问，便产生了请他们出山的想法。

唐仲实是歙县人，原名唐桂芳，一名仲，字仲实，号白云，又号三峰，以字行。元朝泰定年间（1324—1328），唐仲实先后以文学授平江路学录、建德路分水县教谕、南雄路儒学正等职，被誉为"东南学者之师"。不久，他因郁郁不得志而辞官归乡，不复仕进，终日以诗酒为乐，自号"酒狂"。

朱元璋亲自来到唐仲实的府上，坦诚地向唐仲实请教：

"在天下大乱之际，为什么只有汉高祖、光武帝、唐太宗、宋太祖和元世祖能够统一全国呢？"

唐仲实见朱元璋有雄才大略，便坦诚地回答说：

"这几个皇帝都不喜欢乱杀人，所以能统一全国。如今，明公攻城略地，军队的纪律很好，民心安定，这是大好事。不过，百姓虽然安心了，但生产的积极性不高，这是负担过重的原因啊！"

朱元璋听完唐仲实的话，惭愧地说：

"先生的话很对。我的积蓄少，费用多，只好多从百姓手中拿一些，这是没办法的事情。不过我也经常想，得让百姓松一口气，于民休息。先生今天说的话，我会牢牢记住的。"

朱元璋又请求唐仲实效仿当年诸葛亮出隆中相助刘备的故事，请其出山相助。唐仲实笑着说：

"老朽年迈多病，无法帮助明公成就大事了。"

朱元璋一再请求，唐仲实再三推辞，说什么也不愿意出仕。朱元璋无奈，只好叹道：

"先生乃真隐士也！"

（四）

辞别了唐仲实，朱元璋又去求见徽州的另外一名大儒朱升。朱升，字允升，休宁（今安徽省休宁县）人，幼年师从新安学派著名学者陈栎，重"华夷之分"，"严华夷之辨"，反对蒙古贵族入主中原，因而不乐仕进。直到46岁时，他才参加科举考试，中乡贡进士。元廷在他50岁时授予他池州路学正之职，但朱升一再拖延，直到52岁才赴任。仅仅3年之后，他便"秩满南归"，隐居在家乡石门山。

朱元璋亲临徽州之时，邓愈极力推荐他去请朱升出山。朱元璋采纳了邓愈的建议，效仿刘备三顾茅庐的故事，亲自来到石门山，向朱升请教夺取天下的计策。

由于红巾军既谴责"贫极江南，富称塞北"的不平等现象，又提出"复宋"的口号，符合新安士人的政治理想；再加上朱元璋亲顾茅庐、礼贤下士，朱升大为感动，决定出山辅佐朱元璋。

朱元璋将自己与唐仲实的对话向朱升叙述了一遍，朱升笑着说：

"与各路英雄相比，明公地狭粮少，处于不利之境，但这并不代表明公无法取得天下。"

朱元璋闻言大喜，立即追问道：

"先生有何策教我？"

朱升缓缓说道：

"高筑墙，广积粮，缓称王。"

朱元璋喜出望外，当即"命预帷幄密议"。

朱升提出的"九字方针"是符合当时的实际情况的。"高筑墙"可以有效地帮助朱元璋守住业已取得势力范围；"广积粮"则是为日后夺取天下积蓄力量；至于"缓称王"，则能尽量减小目标，避免元朝和各路英雄的打击。

从此之后，朱元璋便按照朱升的计策，一边领兵攻取周边的孤军，一边积极积蓄力量。他礼贤下士，广纳人才。每到一处，每获一座城池，朱元璋必定多方访求名士，软硬兼施，千方百计把他们罗致到幕府作秘书、作顾问、作参谋。这些人虽然不能冲锋陷阵，但经常能为朱元璋指点迷津，拨开乌云，运筹帷幄。

为此，朱元璋曾多次对身边的人说：

"躬怀甲胄，决胜负于两阵之间，此武夫之事，非儒生所能。至若流宣化，绥辑一方之灾，此儒生之事，非武夫所能也。"

明朝著名的开国谋臣宋濂、刘基、叶琛、章溢等人，都是朱元璋在这一时期网罗到应天的。为了向天下儒生表现自己求贤若渴的态度，朱元璋还专门在应天盖了一座礼贤馆，专供天下贤士居住。

与礼贤下士相对应的是，朱元璋还十分重视教育问题。朱元璋本人没有接受过正规的教育，终身以此为憾。所以，当他站稳了脚跟后，便立即邀请天下名儒为自己讲解经史子集，同时建立郡学，请学者担任五经师和学正训导。这些措施有力地统一了百姓的思想，为朱元璋日后建立大一统的大明王朝奠定了基础。

除此之外，朱元璋所采取的各项措施中对其取得天下最有利的就是开荒屯田。至正十八年（1358）2月，朱元璋任命康茂才为营田使，专门负责修筑河堤，兴建水利基础工程，恢复农田生产，供给军事需要；同时又分派诸将在各处垦荒屯田，立下规矩，用生产量的多少来决定赏罚；让武官"开垦荒田，以为己业"，为文官"拨典职田，召佃耕种，送纳子粒，以代俸禄"。

至正十八年11月，朱元璋又设立管领民兵万户府，下令抽点农村壮丁，编为"民兵"，且耕且战，使"民无坐食之弊，国无不练之兵"。如此一来，军民合一，全民皆兵，不但保证了兵员质量和兵员补充，还在一定程度上恢复了农业生产，保证了军事给养的可靠供应。

除直接屯垦外，朱元璋还令儒士、官吏劝课农桑，"各安其生"。对工商税的征收，他也"斟酌元制，去其弊政"，较过去减轻许多。

正因为朱元璋真正做到了与民休养生息，才逐步得到了百姓的热烈拥护。经过数年的努力，朱元璋的势力范围内逐渐显现出一派生机勃勃的景象，农业生产得到了恢复和发展，财政收入也有所增加。

到至正二十年（1360年），朱元璋便正式下令取消"捎粮"制度，使百姓从这项沉重的负担中解脱出来。不久，他又指示部属，凡是征派税粮、军需、差役等，均"务从宽减"，并多次下令蠲免税粮、徭役。

经过几年的努力，朱元璋的实力得到了有效加强，这就为他日后削平群雄、推翻元朝统治、建立大明王朝奠定了坚实的物质基础，同时也强大了军事实力和树立了良好的政治形象。

第十一章　应天决战

望西南隐隐神坛，独跨征车，信步登山。烟寺迁迁，云林郁郁，风竹珊珊。一尘不染，浮生九还，客中有僧舍三间，他日偷闲，花鸟娱情，山水相看。

——（明）朱元璋

（一）

在"高筑墙、广积粮、缓称王"的同时，朱元璋还逐步攻取了建德（今浙江省建德市）、婺州、诸暨（今浙江省诸暨市）、衢州、处州等地。元将石抹宜孙遁逃，石抹厚孙和宋伯颜不花等人被俘。方国珍见朱元璋的势力日益增强，也慌忙派人求和，并遣其子方关为质。然而令方国珍惊讶的是，朱元璋竟然没有接受他的求和。

就在这时，形势又发生了戏剧性的变化。至正十九年（1359）8月，元将察罕贴木儿攻陷了小明王韩林儿的都城汴梁，刘福通慌忙带着韩林儿退保安丰。不久，陈友谅又杀死了倪文俊，挟持徐寿辉，准备联合张士诚攻打朱元璋。

朱元璋闻讯后，慌忙遣使封方国珍为行省平章，想拉拢他。但方国珍也不是傻子，他一眼就看穿了朱元璋的用意，因而以年老多病为由，拒绝了朱元璋的招降。

和陈友谅相比，朱元璋明显处于下峰。且不说他的地盘和兵力远不及陈友谅，他还有一个致命的弱点，就是缺乏训练有素的水军。而陈友谅占据着长江中上游的江西、湖广等广大地区，手中握有大军数十万，战船数百艘，小船不计其数，随时都可以沿长江顺流而下，直取应天。

陈友谅与朱元璋早就结下了仇怨。池州原本是徐寿辉的地盘，可朱元璋却在至正十七年时攻取了池州，将徐寿辉赶走了。当时，天完政权还掌握在目光短浅的徐寿辉和倪文俊手中。不久，陈友谅就杀了倪文俊，挟持徐寿辉，将天完政权牢牢控制在自己手中。陈友谅是个野心勃勃、心狠手辣之人，他自然不能容忍丧城失地之辱，因此于至正十八年派赵普胜将池州夺回来了。

至正十九年4月，朱元璋又派俞通海打败了天完守军，夺回了池州。但不久，陈友谅又打败了朱元璋的守军，再次占领池州。就这样，两军在池州展开了拉锯战，这就令朱元璋与陈友谅之间的决战时间大大提前了。

至正十九年11月，朱元璋派徐达、常遇春领兵攻打池州。陈友谅闻讯后，立即派兵增援。两军在池州打了几个月，都付出了惨重的代价。到至正二十年5月，徐达、常遇春等人终于攻克了池州。陈友谅大惊，准备再次增加兵力夺回。

朱元璋闻讯，立即派人让徐达和常遇春在九华山设伏，伏击陈友谅的部队。结果，毫无防备的天完军大败，被俘3000余人。但常遇春有个很不好的毛病，就是杀害俘虏。

在今天看来，杀害俘虏是一种极不道德的行为。但在古代的战争中，虐俘、杀俘的事件时有发生。战国时期的秦国将领白起甚至在长平之战中一口气活埋了赵国40万俘虏，被时人称为"人屠"。秦朝末年，西楚霸王项羽也曾活埋了秦国20余万降卒。

常遇春大概有意向"人屠"和西楚霸王学习，在作战过程中杀掉了不少俘虏。为此，朱元璋没少批评他，但他始终不改。九华山大捷之后，常遇春又对徐达说：

"我要全部杀掉这3000人。"

徐达慌忙阻拦：

"不行，这件事情必须向吴国公禀报之后再做决定。"

常遇春嘴上虽然答应了，但却连夜将这3000多俘虏全部活埋，只留下几个老弱病残者，让他们回去给陈友谅报信。

当败兵回去将此事告诉陈友谅之后，陈友谅勃然大怒，立即点兵杀向应天。陈友谅的水军无人能比，不但士卒骁勇，装备也十分精良。他的战船名为"混江龙""塞断江""撞倒山""江海鳌"等。从这些威风凛凛的名字就可以看出，他的战船绝不是拿来吓唬人的。

更为致命的是，陈友谅在攻击前通知了张士诚，让他从东面夹攻朱元璋。在这种形势下，如果朱元璋与陈友谅硬拼，基本上不会有活下去的可能。

（二）

当朱元璋得知陈友谅领兵来攻的消息时，天完军已经攻占了军事要地采石矶。如此一来，应天最重要的屏障太平就暴露在陈友谅的数十万大军面前了。当时，太平城内只有3000多名守军，由花云担任统帅，由朱元璋的义子朱文逊监军。

陈友谅的水军以迅雷不及掩耳之势开到了太平城靠江的城墙边，随后便用短梯爬上了城墙。花云、朱文逊等人还没反应过来，城内的3000多名守军就已成了陈友谅的刀下亡魂。花云、朱文逊等人尽皆战死。

陈友谅占领太平后，权力欲进一步膨胀起来。不久，他就令部将杀掉了徐寿辉，自立为皇帝，国号大汉，年号大义。现在，他一心想要置朱元璋于死地，夺取应天及其周边的地区。

朱元璋闻讯后，立即召集诸位将军和谋士商议对策。诸将和谋士们提出了三个方案：一部分人主张放弃应天，逃往他处；另一部分人主张退守紫金山；还有一部分主张向陈友谅投降。

朱元璋见意见不能统一，自己一时也没了主意，不知如何是好。

突然，他转身问刘基：

"先生，你有什么见解？"

刘基，字伯温，是元末明初著名的文学家、政治家。朱元璋后来能够夺取天下，刘基可谓功不可没。但当陈友谅打下太平时，刘基到应天的时间还不长，并没有为朱元璋献过多少计策。因此，众人也都没拿他当回事。

刘基缓缓站起来，然后用轻蔑的目光扫视了一遍众人。他目光阴冷，让人不寒而栗。突然，他愤怒地吼道：

"那些说要逃跑和投降的人都应该拉出去杀掉，我看你们早已被陈友谅吓破了胆。陈友谅看上去虽然强大，但其实不堪一击。只要我们诱敌深入，使用伏兵攻击，打败他是很容易的事！"

朱元璋闻言大喜，立即问道：

"请先生明言，我们该如何破敌？"

刘基干脆利落地回答说：

"就在应天决战！"

朱元璋大声道：

"好！在此决战，现在请诸位考虑如何御敌吧。"

有人建议说：

"先取太平，然后以太平为屏障与陈友谅决战。"

朱元璋皱了皱眉头，不满地说：

"这个计策行不通。陈友谅居上游，舟师十倍于我，且太平易守难攻，根本打不下来。就算运气好，把太平打下来了，也无法固守。到那时，陈友谅一鼓作气攻下太平，然后直扑应天，我们怎么办？"

又有人建议说：

"既然如此，我们何不主动出击呢？"

朱元璋又摇了摇头，说：

"这个计策也行不通。如果我们主动出击，陈友谅以一小部分兵力牵制我们，让主力部队顺流而下，直取应天，只需要半天时间就够了。但我们的骑兵部队在急切间段难以返回。百里趋战是用兵大忌，我不会干这样的傻事。"

朱元璋挥挥手，让诸将和谋士都退了出去，只留下了李善长和刘基。然后朱元璋对他们说：

"如今敌强我弱，我们无法力敌，只能以计胜之。康茂才与陈友谅是旧识，不如让老康诈降，引诱陈军上岸，我们则在岸上设伏，伺机而动。"

刘基、李善长一听，都称赞道：

"这个计策很好！"

随后，李善长又不无担忧地说：

"明公在迎战陈友谅之时，还需要防备张士诚在背后偷袭。"

朱元璋则笑道：

"张士诚不足虑。再说了，如果我们在此时再分兵防备张士诚，兵力分散，必败无疑。不如集中优势兵力先击溃陈友谅，到那时，张士诚心惊胆寒，未必敢犯我地界。"

（三）

朱元璋看着应天的布防图，认真地分析着陈友谅可能进攻的每一条线路。他发现，从长江进入秦淮河，再抵达应天城墙只有一条水路。在这条水路上，陈友谅战船的唯一阻碍是三叉江上的一座木制桥梁，名叫江东桥。这对朱元璋是十分不利的。一旦陈友谅从这条水路发动攻击，他可以轻而易举地拆毁木桥，直达应天城墙之下。因此，朱元璋要想获胜，就绝对不能让陈友谅走这条水路。

他又看了看布防图，突然发现龙湾附近有一片开阔地，附近还有石灰山、卢龙山（今狮子山）可以埋伏大军。这让朱元璋心生一计，他马上召见康茂才，让他写信诈降，引诱陈友谅的大军速速前来。康茂才不敢怠慢，立即修书一封，派亲信将信送到陈友谅军中。

陈友谅看到康茂才的信后，大喜，立即让使者回复康茂才，约定明夜将领兵前往江东桥，以呼"老康"为号，里应外合，攻下应天，同享富贵。

朱元璋得讯，立即令胡大海领兵直捣信州（今江西省上饶市信州区），牵制陈友谅的援军；令镇守龙湾的邵荣在陈友谅发动攻击时佯败而走；令常遇春领兵埋伏在石灰山；令徐达镇守南门外；令杨璟屯大胜港；令张德胜等以舟师出龙江关。而他自己则率领决战预备队集结在卢龙山，准备在龙湾和陈友谅决一死战。

一切调度完毕后，朱元璋又把老谋深算的李善长叫到密室，吩咐说：

"伏军已经安排妥当，但陈友谅是否会按照我们的预想进入伏击圈，还有一个关键的地方没人把守。"

李善长看着朱元璋，用手指了指江东桥的方向，微微一笑。朱元璋点头道：

"知我者莫若善长也！"

李善长低声说道：

"请国公放心，不才定在一夜之间将木桥换成石桥，让陈友谅进入伏击圈。"

李善长说到做到。第二天凌晨时分，江东桥已经变成了一座坚固的石铁桥，坚不可摧。正是这座石桥，给了陈友谅沉重的精神打击。

6月23日深夜，陈友谅的水军沿着秦淮河一路进攻，抵达江东桥。他难掩心中的激动之情，亲自登岸，在夜色中轻声呼道：

"老康！老康！"

四周一片寂静，除了"啾啾"的虫鸣和水拍堤岸的声音外，什么也听不到。陈友谅有些心慌，又叫了一声：

"老康！"

叫完后，陈友谅侧耳倾听，仍然没有听到应答。他屏住呼吸，借着皎洁的月光仔细察看江东桥。这一看，吓得他倒退了好几步！

原来，江东桥并不是康茂才所说的木桥，而是一座坚固的石铁桥。陈友谅心中暗惊：

"不好，中计了！"

此时，数万水军都挤在秦淮河里，又被江东桥所阻，根本无法前进。如果朱元璋在此设伏的话，秦淮河将会成为他陈友谅的坟地。

而令陈友谅感到不解的是，四周依然悄无声息，并不见伏兵的影子。无论如何，此地不宜久留，还是应该快速撤退。

就在陈友谅准备撤退时，小卒来报：

"启禀陛下，御弟友仁已经攻下龙湾。"

陈友谅得讯大喜，立即命令部队向龙湾方向而去，准备从那里登陆。当天午后，陈友谅的大军便顺利地在龙湾登陆了。

朱元璋听闻陈友谅已经来到龙湾，大喜，立即摇动红旗。隐藏在石灰山后的常遇春、应天南门的徐达、大胜港的杨璟和龙江关的张德胜见到红旗的信号，立即率军悄悄向龙湾方向靠近。

此时的陈友谅丝毫没有察觉，只是令大军扎营避暑。时值盛夏，士卒们都酷热难耐，谁也没注意到在暗处正有无数双眼睛虎视眈眈地盯着他们呢。

卢龙山上，朱元璋的步卒们一再请命，想要冲下山去，杀敌人个措手不及。但朱元璋仰头看看天空，镇静地说：

"再等等，大家先吃饭，等下雨后再出击。"

众将士抬头仰望，一轮烈日高悬于万里晴空之上，哪里有雨意？但军令难违，众人只好埋锅造饭，静静等待着。

（四）

常言道。"六月的天，小孩的脸"，说变就变。刚才还是晴空万里，霎时间便乌云密布，雷声大作，下起了大雨。

朱元璋见状，立即摇动令旗，将士们一股脑地冲下山，直奔汉军营寨而去。陈友谅大惊，立即率部抵抗。但为时已晚，在徐达、常遇春、杨璟等人的轮番冲击下，汉军溃不成军，纷纷向船上奔去。

傍晚时分，正值长江落潮之际，陈友谅的战船全部搁浅，动弹不得。将士们心急如焚，不知如何是好。就在他们乱作一团时，张德胜又率领水军杀来，从背后向汉军发起了冲击。惊慌失措的陈友谅立即命将士们登上小船，逆流而上，往西而去。众人一路奔逃，直到江州（今江西省九江市）才站稳了脚跟。

龙湾一役中，汉军在战场上留下了2万多具尸体、7000名俘虏和100多艘大战船及数百艘小船。朱元璋几乎没有任何损失，而他也正是凭借在这次战役中俘获的战船，才组建了自己的水军，为日后彻底击溃陈友谅奠定了基础。

张士诚得知陈友谅在龙湾大败，急忙派人通知与朱元璋接壤的守将，不得轻举妄动。朱元璋这下彻底放心了，随后立即令大军乘胜追击陈友谅，收复太平，攻下安庆（今安徽省安庆市）。与此同时，胡大海也攻下了信州。

陈友谅吃了败仗，心中不服，便时常在边境挑起事端。但阴险、狭隘的陈友谅与部将们的关系也十分紧张，不少徐寿辉的旧将纷纷叛离。袁州（今江西省宜春市袁州区）守将欧普祥在9月间也改旗易帜，归顺了朱元璋。

朱元璋大喜，立即利用陈友谅的这一性格缺陷大施反间计。不久，双刀赵普胜受到猜忌，被陈友谅所杀，其他将领则兔死狐悲，不肯死战。从此之后，陈友谅走上了下坡路。

至正二十一年（1361）7月，陈友谅派部将张定边从朱元璋手中夺取了安庆。朱元璋大怒，立即率师西伐。陈友谅不敌，连失安庆、江州等地。他手下的大将丁普郎、傅友德等也纷纷归顺了朱元璋。

陈友谅又仓皇逃往武昌。朱元璋乘胜直取南康（今江西省南康市）、建昌（今江西省南城县）、饶（今江西省上饶市）、蕲（今湖北省蕲春县）、黄（今湖北省黄冈市黄州区）、广济（今湖北省武穴市）等州县，尽据江西大部和湖北东南边境。

陈友谅经过连续两次失败后，民心离散，军力锐减，地盘也不断缩小；而朱元璋经过两次大的胜利后，士气大振，军力大长，版图日见扩大。两方此消彼涨，优势逐渐转移到朱元璋一方。

恰在此时，江北的局势发生了变化，让朱元璋陷入了被动。原来，东系红巾军内部发生内讧，赵均用与韩林儿手下的大帅毛贵发生冲突，两方互相厮杀，最终两人都悲惨地死去。元朝大将察罕帖木儿乘势收复关陇、平定山东，招降红巾军丞相花马王田丰，军威极盛。山东一失，不但小明王的都城安丰不保，就连朱元璋的应天大本营也直接暴露在元军的兵锋之下。

朱元璋闻讯后大惊，立即想方设法拉拢元军。他两次派使者去见察罕帖木儿，送上重礼和亲笔信，要求长期通好，各保平安。此时，元廷已经分崩离析，各地守军将领实际上已成了割据一方的诸侯。察罕帖木儿只想保住自己的地盘，并不愿意跟朱元璋作战。双方你有情我有意，很快就走到了一起。

至正二十二年（1362）12月，察罕帖木儿派他的户部尚书张昶带着御酒和任命朱元璋为荣禄大夫江西等处行中书省平章政事的宣命诏书来到应天。这让朱元璋为难了。御酒虽然味美，但并不好喝。若喝了这酒，岂不等于公开投降元军了吗？如果那样，朱元璋就会东、西、北三面受敌，想保住应天就难。但如果不喝这酒，不接诏书，元廷震怒，就可能派大军来围剿，应天同样不保。

怎么办呢？朱元璋急得像热锅上的蚂蚁团团转，一时想不出对策。

第十二章　灭陈友谅

贤才不备，不足以为治。

——（明）朱元璋

（一）

俗话说，"吉人自有天相"。在关键时刻，上天总是十分眷顾朱元璋。察罕帖木儿的使者到应天不久，红巾军降将田丰就杀死了察罕帖木儿。不久，察罕帖木儿之子扩廓贴木儿就继为统帅。

扩廓帖木儿和他的父亲不同，他野心勃勃，一心想要独霸江北。他一上任，就与元朝的另外一位大将孛罗贴木儿为争抢地盘打了起来。朱元璋闻讯后大喜，说道：

"真是天助我也！"

元朝的两路大军混战，哪里还顾得上朱元璋？朱元璋趁机向陈友谅用兵，想彻底铲除这一心腹大患。陈友谅的守将们纷纷投降，后来又纷纷造反。两边杀来杀去，朱元璋折了胡大海、耿再成、叶琛等人，但总算守住了洪都（今江西省南昌市）、处州等战略要地。

到至正二十三年（1363）春，形势又发生了新的变化。2月，陈友谅派心腹大将张定边攻陷饶州。张士诚派大将吕珍围攻安丰，红巾军渐渐不支，显出溃败之象。

安丰城内粮尽弹绝，城里甚至出现了人吃人的惨象。刘福通慌忙向朱元璋求救。朱元璋犹豫不决，遂召集众将和谋士商议对策。发兵或不发兵，这是一个艰难的抉择。如果发兵救援安丰，陈友谅定会乘虚进攻应天；如果不救，万一安丰失守，应天就会失去北面的屏障。

诸将和谋士们提出了两种截然相反的意见。其中，刘基等人坚决主张按兵不动，借吕珍之刀杀了小明王，以除后患。

从政治角度看，刘基的意见是正确的。如果救出小明王，应该怎么安置他呢？不管如何，小明王是名义上的皇帝，朱元璋表面上要听从他的号令。既然是皇帝，还得为他设置三宫六院和文武大臣，劳民伤财不说，还容易招致元军的攻击。元顺帝无论如何也不能忍受一个与自己并行的皇帝安安稳稳地存在。万一他调集全部兵力攻打朱元璋，朱元璋现在还没有足够的兵力与其抗衡。

谋士们主张按兵不动，但诸将皆主张立即发兵。朱元璋思索再三，最后决定亲自统兵开赴安丰方向。此次出兵，朱元璋从背后向吕珍发动突袭，刘福通则趁机率部突围。在突围过程中，刘福通战死，朱元璋于是将小明王暂时迎进滁州，并临时建筑宫殿，顺势将皇宫左右的宦侍都换成自己人，供养极丰，防护极严。小明王知道自己的处境，遂于3月14日内降制书，封赠朱元璋三代。

正当朱元璋得意洋洋之时，突然从应天方向传来消息，陈友谅已经占领了吉安（今江西省吉安市）、临江（今江西省樟树市）、无为（今安徽省无为县）等州，正在围攻洪都。陈友谅特造大舰，高达数丈，新涂上朱红丹漆，上下三层，每层都有走马棚，上下层说话都听不见，上面载着家小百官，号称60万大军，倾巢而来，誓要踏破应天，一雪仇怨。

朱元璋的侄子朱文正当时镇守洪都，与陈友谅展开了惨烈的攻防战斗。城墙几度被攻破，汉军蜂拥而入。朱文正临危不惧，多次组织兵力，用火铳将其击退。

双方激战了85天，洪都附近尸横遍野，血流成河，但谁也没有退让的意思。最后，朱元璋的心腹大将赵德胜等13人战死。

至正二十三年7月，朱元璋亲率20万大军从滁州直奔洪都。陈友谅见久攻不克，士气低落，朱元璋的援兵又来了，再战无利，只好率兵退回鄱阳湖。

（二）

朱元璋审时度势，立即派指挥戴德屯兵江口南湖嘴，切断陈友谅的归路；命信州兵马扼守武阳渡，以防陈友谅从信州方向逃脱。一切安排就绪后，朱元璋亲率20万大军从松门进入鄱阳湖，与陈友谅展开决战。

两军在康郎山水面相遇，朱元璋站在船头，看着陈友谅的战船，对徐达等人说道：

"敌船首尾相连，船坚身大，气势不凡。如果硬拼，恐难取胜，不如利用其进退缓慢的缺点，采用火攻。"

徐达在一旁附和道：

"这个办法不错！"

于是，朱元璋将水军分为20队，各条船上都载着火器弓弩，向敌船发射火箭火炮。瞬间，陈友谅的大船就着起了大火，浓烟滚滚，烈焰冲天。徐达见状，立即指挥船队冲杀，夺了一艘大船，将陈友谅的水军阵容冲乱。

混战中，徐达的大船不慎着火，烧了起来。朱元璋慌忙派身边的小船前去救援。陈友谅的部将张定边乘虚而入，将朱元璋团团围住，放箭射杀。程国胜、宋贵、陈兆先等人不顾自身安危，驱船进入包围圈，乱杀一阵。

张定边十分悍勇，宋贵、陈兆先等人先后战死，但始终未能将朱元璋救出重围。情急之中，裨将韩成让朱元璋换上自己的衣服，赶快逃命。朱元璋大声喝道：

"大丈夫死则死矣，怕什么！"

韩成跪在地上，大声说道：

"人臣大义，杀身成仁。臣愿代死，请主公成全为臣之义！"

朱元璋含着眼泪，说道：

"将军快快请起，我怎么忍心让你代我而死呢！"

韩成着急地说：

"天下可以没有韩成，但绝不能没有主公。请主公不要再推脱了。"

就在这时，汉军士卒齐声喊道：

"朱元璋快投降吧，否则就把你碎尸万段！"

韩成更加焦急了，拉着朱元璋的喊道：

"主公快决断吧，再迟疑就没有机会了！"

朱元璋无奈，只好含泪脱下衣冠，与韩成互换。韩成换上朱元璋的衣冠，走到船头，高呼道：

"陈友谅，你听着，你我残杀，劳师动众，弄得生灵涂炭，又有何益？如今我认输了，免得将士丧生！"

说罢，韩成纵身一跳，跃入湖中。张定边愣了一下，又急忙指挥士卒去抢朱元璋的小船。就在这时，常遇春杀到了。他拈弓搭箭，一箭射中张定边的面额。张定边伤痛难忍，挥兵退去。

常遇春保护着朱元璋突出重围，向后退去。朱元璋吃了败仗，急忙令人鸣金收兵，日后再战。

朱元璋兵败的消息传到应天后，妻子马秀英立即将自己的首饰和珍宝全部捐出，让人带到前线劳军。与此同时，她还组织诸将和士卒们的家室赶做衣物，犒赏有功的将士。士卒们闻知自己的衣物是朱元璋的夫人马秀英亲手做的，都十分感动，个个跃跃欲试，要去诛杀陈友谅。

一段时间后，陈友谅又联舟来战，楼船战舰遥望如山。朱元璋见状，立即督船迎战。双方在湖面上又展开了一番厮杀。火炮、火铳、火箭在水上乱飞，双方均死伤惨重，但依然没有分出胜负。一直战到黄昏时分，双方才各自鸣金收兵。

朱元璋屡战不胜，心中忧闷不已。刘基见状，伏在朱元璋耳边低声道：

"速移军湖口，扼住上游，占据有利地形，可获全胜。"

朱元璋闻言大喜，立即移兵左蠡（今江西省都昌县西南），陈友谅则驻兵泊渚（今江西省星子县南），对峙起来。天长日久，汉军粮草渐尽，陈友谅有些支撑不住了，决定劫掠洪都之粮。不料，朱文正早有准备。两军在洪都城下混战一场，陈友谅折了不少人马，但却什么都没有得到。

已经弹尽粮绝的陈友谅立即召集诸将商议对策。右金吾将军建议烧掉舰船，弃舰登陆，直走湖南，以图东山再起；左金吾将军则主张血战到底，决不后退。

陈友谅思索片刻，决定采纳右金吾将军的建议，弃船登陆。但左金吾将军觉得这是死路一条，遂临阵反叛，率军投奔朱元璋去了。右金吾将军一见大势已去，前途无望，也跟着投降了。

陈友谅见左右金吾都投降了朱元璋，大怒，令人杀了所有的俘虏。而与此相对应的是，朱元璋不但放了所有的俘虏，还亲自慰问受伤者，祭奠阵亡者。汉军闻知此讯，均不肯与朱元璋死战，甚至不少人成群结队地到朱元璋军中投降。

陈友谅见大势已去，便打算从湖口退兵。不料，朱元璋早已派兵守住湖口。陈友谅前后受敌，决定与朱元璋决一死战。然而，他刚刚将头伸出舱外，"嗖"地飞来一箭，正中面门。陈友谅大呼一声，倒地而亡。汉军失去了主帅，顿时溃散。张定边保住陈友谅的尸首和太子陈理，连夜逃往武昌。

（三）

鄱阳湖大战之后，应天周边的环境相对安定下来，朱元璋终于开始考虑称王的事情了。早在至正二十三年（1363）9月，张士诚叛元自立，称吴王。至正二十四年正月，因应天是三国时期东吴的国度，朱元璋也自立为吴王，以李善长为右相国，徐达为左相国，常遇春、俞通海为平章正事，长子朱标为世子。

至此，朱元璋已经完全统一了东系红巾军，规定战袄、战裙和战旗皆用红色，发号施令称"明王圣旨，吴王令旨"。与此同时，他还令军匠大量打制铁甲、火铳，配置火药，优化武器的性能。

正月刚过，朱元璋便亲率大军征剿武昌。陈友谅之子陈理见朱元璋来势汹汹，不战而降。朱元璋乘势又派将领到各地去接收陈友谅的地盘。到至正二十四年年底，汉水以南、赣州以西、韶州（今广东省曲江县）以北、辰州（今湖南省沅陵县）以东的广大地区全部纳入了朱元璋的统治范围。

朱元璋一腾出手，便立即将矛头指向张士诚。多年以来，朱元璋与张士诚互相攻伐，但谁也没有取得彻底性的胜利。但现在形势不同了，朱元璋尽有湖广、江西、应天等地，在军事力量上已经远远超过了张士诚。

从至正二十五年（1365）10月开始，朱元璋逐步对东吴用兵。他的战略简单而明了，即从北、西、南三面围攻平江。在战争的第一个阶段，朱元璋便集结了优势兵力，全力攻打张士诚在淮河流域的部署，迫使张士诚龟缩到长江以南的地区。

很快，徐达、常遇春两位大将统领数十万大军，一路攻克了泰州、高邮、淮安、濠州、徐州、宿州等地，轻而易举地将张士诚赶到了长江以南。

攻下濠州之后，朱元璋来到老家省亲扫墓。昔日穷困潦倒的朱重八，回来后特意置酒宴请父老相亲欢饮。席间，朱元璋高声说道：

"我离开家乡已经有十多年了。这些年里，我身经百战，终于打败了敌人，得以回乡省亲扫墓，与父老子弟相见。无奈天下未定，我不能长久地留在家乡与乡亲们欢聚。请家乡父老劝诫子弟，一定要孝敬父母，团结兄弟，努力耕种田地，不要远行经商。因为江淮诸郡还没有完全平定，贼寇四起，骚扰过往客商。大家一定要记住我的话。"

平定淮河流域之后，朱元璋又召见徐达和常遇春，仍然令他们为正副统帅，全力攻打湖州、杭州等地。在出征誓师会上，朱元璋力诚将士们说：

"大家请记住，城下之日，千万不要杀掠，不要毁庐舍，也不要发丘垄。张士诚的母亲葬在平江城外，你们也不要侵毁。"

说完，朱元璋又问徐达和常遇春：

"此次出征，你们认为该怎么打？"

徐达和常遇春回答说：

"直捣平江，杀败张士诚。如此一来，湖州、杭州等地可不战而降。"

朱元璋摇了摇头，说道：

"此言差矣！湖州张天骐和杭州潘原明是张士诚的左膀右臂，你们如果攻打平江，他们二人合力相救，我们取胜的把握就不大。不如先攻打湖州，吸引张士诚前去救援。一来，攻破湖州和杭州之后，平江就成了一座孤城；二来，这样可以削弱张士诚的实力，让他疲于奔命。"

朱元璋的战略方针简单明了，即乘敌不备，攻敌必救，分散敌兵，集中优势力量寻机歼灭敌人的有生力量。

果不其然，在朱元璋的指导之下，徐达、常遇春两人仅仅用了4个月的时间就扫平了平江四周的湖州、杭州等郡县。张天骐、潘原明等东吴将领先后投降，朱元璋实力大增。

至正二十六年（1366年）12月，朱元璋大军合围平江。按照朱元璋的指示，徐达、常遇春等人并不着急攻城，而是用火铳、硝石等日夜轰击，毁其斗志，疲其士卒。平江城内粮草不多，又没有援兵，张士诚苦撑数月，士卒死伤无数。朱元璋多次派人送信招降，但固执的张士诚一概不理。

朱元璋很生气，反正平江已经在他的掌控之中，他有的是时间和精力陪张士诚耗下去。但令他感到不安的已不是张士诚，而是小明王韩林儿。

如今，朱元璋已经确立了无可争议的霸主地位，小明王对他来说已经没有任何正面作用了，只能阻碍他正常地行使吴王之权。他想到了当年楚霸王将义帝诛杀于江中的事，便悄悄让大将廖永忠到滁州去迎接小明王。

　　廖永忠一行大摆銮驾，来到瓜州（今江苏省扬州市瓜洲镇），要在那里渡江。当船行到江心时，突然漏水，小明王大呼救命，但却没有一个人应答。小明王虽然软弱，但并不傻。他一看眼前的情景，立即明白了是怎么回事，于是稳坐船中，慨然赴死。

　　就这样，小明王韩林儿的宋廷苦撑了12年之后终于灭亡。朱元璋也彻底摆脱了红巾军政权的影响，成为名符其实的天下霸主。

第十三章　北伐中原

贤才，国之宝也。

——（明）朱元璋

（一）

至正二十七年（1367）9月，朱元璋围困平江已经将近一年，城中树皮草根皆被军民食尽。朱元璋见时机已经成熟，便驱动大军猛攻平江。士卒们奋勇当先，很快就攻下了城池。张士诚见大势已去，只好一把火烧死了妻儿眷属（一说改名换姓隐匿民间），后饮鸩自杀未遂，被西吴军所俘。

几天后，徐达、常遇春等人将张士诚押往应天。一路上，张士诚饮食不进，片言不语，抱定了必死的决心。朱元璋怜惜他是一条好汉，亲自劝降，但张士诚毫不理会。

朱元璋无奈，又派李善长劝降，张士诚破口大骂，誓死不降。朱元璋大怒，将其乱棍打死，然后又把张士诚的尸体一把火烧得干干净净，成全了他的忠孝名节。

张士诚死后，朱元璋尽据江南、湖广之地，兵威大振。他十分高兴，立即封李善长为宣国公、徐达为信国公、常遇春为鄂国公，其他将士也得到了相应的赏赐。为了应证"但看羊儿年，便是吴家国"的童谣，朱元璋将至正二十七年改为吴元年。

不久，朱元璋命朱亮祖率兵攻打温州，讨伐方国珍。随后，他又令汤和、廖永忠会师合力攻打台州等地。在朱元璋的强大攻势面前，方国珍无力抵抗，只得于当年12月前往应天请降。

至此，浙东的战事宣告结束。朱元璋所据有的疆土空前广大，大体上相当于今天的湖南、湖北、安徽、江苏、浙江和河南东南部。这些地方也是全国人口密度最高、最富庶繁盛的鱼米之乡。

朱元璋兵强马壮，一统天下的时机终于到了。吴元年10月，朱元璋任命徐达为征房大将军，常遇春为副将军，率师25万，由淮入河，准备征讨中原；任命胡廷瑞为征南大将军，何文辉为副将军，攻取福建沿海各地；又命湖广行省平章杨璟、左丞周德兴直取广西。

出征大军云集应天府北门外七里山誓师，宋濂宣读了推翻元朝统治的檄文。三军将士听罢檄文，欢呼雷动，浩浩荡荡地向南北各路战场而去。此后，胜利的消息不断传到应天，彻底推翻元朝的统治已经指日可待。

当初，朱升曾建议朱元璋"缓称王"，但"缓称王"并不是不称王。如今，元朝的统治已经分崩离析，各路英雄也都被朱元璋所败，称王称帝的时候到了。吴元年12月，中书省左丞相、宣国公李善长率文武百官奉表劝进：

"开基创业，既宏盛世之兴图，应天顺人，宜正大君之宝位……"

朱元璋早已学习了古代贤君的做法，因此也三请三谢、三进三辞，以表虔诚倨恭。10天之后，朱元璋率文武百官祭告上天，接受了皇帝尊号。次年正月初四，朱元璋率群臣在钟山之阳登基为帝，国号大明，建元洪武。

接着就是封赏宗亲、进爵功臣了。朱元璋立妻子马氏为皇后，立世子标为太子，以李善长、徐达为左、右丞相，各文武功臣也都加官进爵。皇亲国戚，不管死活，全都封王。一时间，应天城里城外纷纷攘攘，喜气洋洋，新朝廷上上下下、里里外外都充满了蓬勃的生机。

朱元璋喜不自禁，他怎么也没有想到，自己一个放牛娃、游方的和尚居然能当上皇帝，这是何等开心的事情啊！他情不自禁，竟然捧着玉玺，在玉辇上笑出了声。

（二）

洪武元年（1368）4月，汤和、廖永忠等人平定了福建沿海。随后，朱元璋又命得胜的水军南下广州，帮助杨璟、周德兴攻取两广地区。到洪武元年6月，杨璟、周德兴指挥的大军与廖永忠的援军胜利会师。6月，廖永忠攻陷象州（今广西象州县）。至此，两广之地全部归于大明王朝的统治之下。

福建、两广既平，长江以南地区只剩下四川和云南未平，但已经无关大局了。常遇春上书说道：

"南方已定，可以集中兵力直取元都，以百战雄师，元都必下；元都既下，再分兵出击，以王师之威，其他城池可不战而下。"

但朱元璋不同意常遇春的观点，他把刘基、李善长等谋臣叫到内室，秘密制定了北伐的战略方针和作战计划。他向诸将指出：

"大都是元朝百年的都城，防御森严，工事坚固，不是一两日就能攻克的。假如我大军孤军深入，元军断我粮道，其四方援军来袭。我大军退无据，必然惨败。不如仍采用取平江之法，先砍其枝叶，再动摇根本。先取山东，撤掉大都屏风；回师下河南，断其羽翼；进据潼关，占领他的门户。待彻底扫清其外围据点，确保粮道畅通，再进围大都，自然水到渠成，手到擒来。"

此时的朱元璋虽然不再亲自领兵征战，但依然目光如炬，对各地战场的形势了如指掌，仿佛亲临指挥一样。因此，诸将对他的安排无不心服口服。从客观形势来看，朱元璋攻取大都的战略方针无疑是正确的，而且是个万全之策。

为了确保北伐的胜利，朱元璋还对北伐军的统帅部做了缜密的安排。徐达是朱元璋儿时的玩伴之一，用兵持重，纪律严明，生性谨慎，朱元璋任命他为征虏大将军，统率全军，甚是放心；常遇春冲锋陷阵，所向无敌，被任命为副帅；冯国胜此时已经改名为冯胜，他足智多谋，被朱元璋任命为参将。

临出发前，朱元璋嘱咐徐达说：

"常遇春勇则勇矣，但好狠斗勇，容易产生轻敌之心。如大敌当前，宜以遇春为前锋，和参将冯胜分左右翼，将精锐进击。右丞薛显、参政傅友德勇冠诸军，可使其独挡一面。大将军专主中军，只管战略决策，策励将士，不可轻动。"

徐达领命，表示一定会严格执行圣谕。朱元璋这才放心，让大军择日出征。在誓师大会上，朱元璋又晓谕众人说：

"中原之民，久为群雄所苦，流离相望。因此，朕才让你们领兵北伐，拯救万民于水火之中。元世祖功德在人，其子孙罔恤民隐，天厌弃之。君王有罪，但百姓是无辜的。前代革命之际，大多肆行屠戮，违天虐民，朕不忍心这样做。你们攻城略地，千万不要纵兵抢掠，妄杀百姓，元之宗戚也要尽力保全。上答民心，下慰人望，以表朕伐罪安民之意。如有违令者，杀无赦。"

为了瓦解敌军的士气，争取北方民众的理解和支持，朱元璋还令宋濂撰写了一篇《告北方官民的檄文》。在檄文中，朱元璋提出了"驱逐胡虏，恢复中华"的著名口号。这一口号具有鲜明的民族性，比之红巾军提出的"重开大宋之天"更具有号召力和革命性。因此，它得到了元朝所谓汉人、南人的拥护和支持。这篇战斗檄文的宣传效果是十分巨大的。北伐军所到之处，元朝旧官吏们纷纷投降到新政府之中。

由淮入河的徐达是北伐的主力，由襄阳（今湖北省襄阳市）北略南阳以北诸州郡的征戍将军邓愈是偏师，目的在引诱分散元军主力。从军事进展情况看，徐达忠实完美地执行了既定的战略方针。从吴元年10月到洪武元年正月，徐达迅速平定了山东，然后由山东回师河南，一路由南面取归德（今河南省商丘市）、许州（今河南省许昌市），和邓愈的偏军会师，抄汴梁（今河南省开封市）后路。元朝的汴梁守将左君弼不战而降，河南全境平定。

洪武元年4月，参将冯胜克潼关，元将李思齐、张思道等人纷纷溃逃。如此一来，北伐军牢牢地控制了中原大地，将元朝的关中军堵在关中地区，无法东向阻止北伐军进攻大都的进程。

（三）

洪武元年闰七月，征虏大将军徐达大会诸将于临清（今山东省临清市），对围攻大都之役做了最后的安排。会后，徐达、常遇春、冯胜、邓愈等人率领大军沿着京杭大运河一路北上，连下德州（今山东省德州市）、通州（今北京市通州区），兵锋直指大都。元军连吃败仗，毫无斗志，纷纷溃散。元顺帝担心被俘，于28日夜间仓皇率后妃、太子等人逃奔上都（今内蒙古正蓝旗境内）。

八月初二，北伐军顺利攻克大都，彻底灭亡了元朝。从宋太祖到宋神宗以来，中华民族一直没有能够实现的民族愿望至此也终于实现了。自古以来中华民族抵抗北方游牧民族的国防线——长城，再一次成为中国各族人民抵御侵略的堡垒。

朱元璋得讯后大喜，将大都改为北平，并令徐达、常遇春等人整顿兵马，移师进取关中。从洪武元年8月到第二年8月，徐达、常遇春用了整整一年的时间才肃清关中之敌。这一阶段是北伐过程中最艰苦的岁月，元军的抵抗不断加强，甚至还组织了几次反攻。

西征军从河北进入今山西南部，元将扩廓帖木儿遣将来争泽州（今山西省泽州县），大败西征军，又乘北平空虚，亲出雁门关偷袭。徐达得知，也不回救，竟率大军直捣扩廓帖木儿的总部太原。扩廓不得不救，回师途中，遭遇埋伏，不知所措，仓皇之中仅率领18骑北逃。就这样，山西全境得以平定。

洪武二年（1369）3月，西征军进抵奉元路（今陕西省西安市）。元军守将李思齐等人先后避难于凤翔、临洮等地。徐达令西征大军跟踪追击，李思齐势穷力竭，只好投降。

洪武二年6月，元军又乘虚进攻通州。徐达立即命令常遇春、李文忠率步骑9万余人还救北平。但常遇春和徐达并没有直接进攻通州的元军，而是直捣元上都，攻其必救之地。元顺帝自知无法抵挡西征军的兵锋，急忙北逃沙漠。占据通州的元军急忙回救上都，北平转危为安。

不幸的是，这年7月，常遇春暴卒于军中。朱元璋闻讯后悲痛欲绝，大哭道：

"常遇春一死，朕失一肱骨！"

常遇春死后，李文忠代替了他的位置，领兵会合徐达，并力西征。不久，西征军大败围攻大同的元军，生擒元将脱列伯，杀孔兴。徐达大军继续西进，元军守将张良弼逃奔宁夏，为扩廓帖木儿所执。张良弱的弟弟张良臣以庆阳（今甘肃省庆阳市）降，不久又反，城破被杀，陕西遂告平定。

至此，元军只剩下扩廓帖木儿一人了。其实扩廓帖木儿并不是蒙古人，而是汉人，原名王保保。但他不仅对元朝忠心耿耿，还骁勇善战，拥兵屯驻宁夏，不时出兵攻掠，闹得边境守军不得安宁。刘基曾警告徐达等人说：

"不可轻看扩廓帖木儿，此人真将才也。"

洪武三年（1370），朱元璋又命大将军徐达总领大军出征沙漠。扩廓帖木儿闻讯大喜，立即挥兵围攻兰州。徐达无奈，只好领兵撤出沙漠，回救兰州。

由于明军长途跋涉，疲惫不堪，而扩廓帖木儿的大军以逸待劳，占据了优势，结果两军相遇后，明军大败，被迫奔走和林（今内蒙古和林县）。

后来，朱元璋又令大军分道进攻沙漠。不料，明军再次被扩廓帖木儿的大军所败。多年之后，朱元璋想起这次作战失利，还不无感伤地对他的儿子燕王朱棣说：

"吾用兵一世，指挥诸将，未曾败北，致伤军士。正欲养锐，以观胡变。夫何诸将日请深入沙漠，不免疲兵于和林，此盖轻信无谋，以致伤生数万。"

朱元璋对扩廓帖木儿是又恨又爱。他曾多次派使者招降扩廓帖木儿，希望他能为己所用。但固执的扩廓帖木儿就是不为所动，每次都将朱元璋派去的使者扣押下来。等到扩廓帖木儿被迫出走塞外之时，他的家属悉数被明军所俘。

朱元璋想，现在你的家人已经全都在我手上了，这次你总该投降了吧。于是，他派元军降将李思齐出塞劝降。扩廓帖木儿曾与李思齐同朝为官，颇有私交。他虽然不同意投降，但却以礼相待，将李思齐照顾得很好。临走时，他还派骑士送了李思齐一程。

正要分别，骑士突然对李思齐说道：

"奉总兵令，请留下一点东西作纪念。"

李思齐不知所措，惶恐地说：

"我为公差远来，无以留赠。"

骑士道：

"我要你一只手臂！"

李思齐沉思半晌，遂挥刀砍下自己的一只手臂，送给扩廓帖木儿。回到中原后不久，李思齐便死去了。

朱元璋由此也更加敬佩扩廓帖木儿，他曾经问满朝文武百官：

"我朝谁为奇男子？"

众人想都没想，便回答说：

"若说奇男子，首推常遇春。"

朱元璋摇了摇头，回答说：

"常遇春虽为人杰，朕还可以臣服他。但王保保就不一样了，他才是真正的奇男子！"

朱元璋令西北守军日夜提防，就是为了防备扩廓帖木儿。直到洪武八年（1375），扩廓贴木儿病死于军中，西北守军才得以安宁。至此，朱元璋和他的将军们才大大地松了一口气。

→ 　　欧阳伦是朱元璋三女儿安庆公主的丈夫，官为驸马都尉。他为人聪明能干，很受朱元璋的器重。明朝初年，茶叶作为重要的出口物资由皇家统一控制，并有严格的法律规定。凡经营茶叶的茶商必须持有官府签发的证件方可经营，贩卖私茶是犯法的。但欧阳伦利令智昏，利用职权贩卖私茶，牟取暴利，成为当时的"官倒爷"。地方官员告发后，朱元璋勃然大怒，不顾安庆公主的苦苦哀求，不念翁婿之情，依法行事，处死欧阳伦，煞住了贩卖私茶的贪腐之风。

第十四章　一统天下

　　诸臣未起朕先起，诸臣已睡朕未睡。何以江南富足翁，日高三丈犹披被。

——（明）朱元璋

（一）

　　在北方的战事渐渐平静之际，朱元璋又将目光转向了西南。西南地区有两支与明朝对抗的割据武装，一是在四川称帝的明玉珍，二是割据云南的元朝王室梁王。

　　明玉珍原是徐寿辉的部下，后来割据四川，在重庆称帝，国号夏。此时，明玉珍已死，其子明升继位。明升年幼，不能主政，大权旁落，因此国势也是一天不如一天。

　　洪武四年正月，朱元璋决定发兵讨伐夏国，将四川纳入明朝的版图之内。明朝初年，朝中能征善战的名将比比皆是，因此朱元璋根本不愁无人可用。他宣汤和、周德兴、廖永忠、傅友德等人觐见，秘密嘱咐了一番，然后宣布：任命汤和为征西将军，周德兴、廖永忠为副将军，率舟师由瞿塘峡攻重庆；任傅友德为征虏前将军，率步骑由秦陇取成都。

汤和等人领命，立即整顿兵马，直奔四川。明升慌忙召集群臣商议对策，众人纷纷说道：

"陛下不要忧虑，朱元璋的大军根本无法进入重庆。我大夏国有瞿塘天险，只要以铁索横断关口，两岸置放硝石、铁铳，层层布防，他汤和就是生出翅膀也飞不过来。"

明升深以为然，立即命令大军固守瞿塘峡。结果，汤和的水军果然被夏军所阻，数月不能前进一步。但明升没想到，他将兵力全部调到东线，北线的防御必然空虚。傅友德趁机南下，连克数城，并命士卒将克城之日写于木板之上，投入汉江，顺流漂下。

廖永忠的士卒从江中捞起木板，知道傅友德已经深入川境，便立即率部从小路绕过瞿塘峡，发起突袭。汤和在正面进攻，廖永忠从背后夹击，夏军不能敌，纷纷投降。于是，汤和断飞桥，毁铁索，水陆并进，率大军开进了重庆。明升无奈，只得率文武百官出城投降。

此时，傅友德也已经兵临成都城下。夏国守军得知明升已经投降，抵抗无益，便打开城迎接明军。这样，汤和等人仅以6个月的时间就平定了四川全境，夏国正式宣告灭亡。

四川既平，贵州等地的土司也纷纷归顺明朝，云南的梁王政权随之失去了东、北两面强有力的屏障。梁王虽然设置在原来大元王朝的疆界之内，但并不归属元朝中央政府管辖，而直接归蒙古帝国的蒙古大汗统领。不过，云南与蒙古本部相距甚远，势单力弱，孤立无援，根本无力与朱元璋的明军相抗衡。

因此，朱元璋起初并不愿意用武力解决云南的事宜，而是想以武力为后盾，争取和平解决。于是，他先后派遣使臣王祎、吴云等人前往昆明招降梁王。结果，梁王不但不愿投降，反而杀死了王祎、吴云等人。

朱元璋大怒，决定挥兵攻打云南。不过，由于当时明朝初立，百废待兴，而梁王又无力威胁明朝的统治，所以直到洪武十四年（1381），朱元璋才分派傅友德、沐英、蓝玉等三名将领，兵分两路，直取昆明。

明军由东、北两面同时发起进攻，一路由四川南下取乌撒（今贵州省威宁县）。这个区域是今四川、云南、贵州三省的交接处，与梁王主力相呼应。另外一路大军则由湖南西取普定（今贵州省普定县），直捣昆明。

东路军一路攻城略地，仅用了3个多月时间就平定了昆明，梁王兵败自杀。昆明既下，东路军又迅速回师与北路军会攻乌撒，附近的东川乌蒙艺等部落首领纷纷归降，昆明附近诸路政府也先后改旗易帜，服从明朝中央政府的管辖。

洪武十五年（1382）2月，朱元璋设置贵州都指挥使司和云南都指挥使司，树立了军事统治中心。他令诸将着手大力改善交通状况，开筑道路，设立驿站，把四川、贵州、云南三省的交通通讯联结起来，建立军卫，控扼粮运。

然后，朱元璋又以大军西向攻占大理，经略西北和西南部诸地，招降各少数民族，分兵勘定各土司，将云南人为52个府54个县。云南边外的各国政府也纷纷遣使修好，敬表臣服。不久，明廷又设缅中、缅甸和老挝等800余名宣慰司，以示慰抚。

至此，西南皆平，明朝的统治在此稳固下来。

（二）

西南平定之后，朱元璋又开始着手解决东北的问题。元朝灭亡之后，元朝旧将纳哈出据守金山（山名，在今吉林省双辽市东北），虎视眈眈，伺机南下。呐哈出是朱元璋的老对手了。当年朱元璋攻克太平之时，呐哈出被俘。后来，朱元璋将其放归，不料竟然放虎归山，成了明朝东北边境的一个大敌。

洪武二十年（1387）正月，朱元璋以冯胜为征房大将军，傅友德、蓝玉为左右副将军，率军出征纳哈出。与往常一样，大军出征之前，朱元璋把主帅冯胜叫到内室，秘密吩咐说：

"此次出征，你要记住以下几点：第一，首先进驻通州，派人打探元军消息，如果在庆州（今内蒙古巴林左旗）发现了对方的行踪，就立即展开攻击，否则不得轻动；第二，大军不可全部出动，只派骑兵对其发动突然袭击；第三，攻克庆州之后，立即指挥大军对纳哈出展开攻击。"

正月初二，冯胜、傅友德、蓝玉等人率20万精兵浩浩荡荡地向辽东进发了。二月初三，冯胜率兵抵达通州。他听从了朱元璋的安排，并未出兵，而是派人打探庆州的消息。消息传来，纳哈出果然在庆州安排了重兵把守。

冯胜当机立断，立即派蓝玉为先锋，率精骑突袭庆州。时值天降大雪，但蓝玉并未拖延时间，而是带着部将冒雪向庆州进发。几天后的一个凌晨，蓝玉突然出现在庆州城外。元军怎么也没有想到，蓝玉会冒雪进攻。因此，当蓝玉发动突袭之时，他们还在埋锅造饭。明军几乎没费什么力气就全歼了敌军，杀死北元平章果来，占据庆州，并抓获了大批俘虏。

冯胜得知蓝玉已经攻占了庆州，立即安排第二阶段的战事。三月初一，冯胜亲率大军出松亭关，驻兵大宁（今内蒙古宁城）。谨慎的冯胜在大宁待了一个多月，小心翼翼地打探着纳哈出的兵力部署情况。直到五月二十一，冯胜才会和蓝玉领兵直捣辽河，杀得纳哈出前锋部队丢盔弃甲，溃不成军。

就在冯胜等人准备与纳哈出展开决战之际，突然传来消息，称朱元璋派出的使者乃剌吾已经说降了纳哈出。原来，在派冯胜等人出征的同时，朱元璋又派纳哈出原来的部下乃剌吾前往辽东做说客，劝说纳哈出投降。

纳哈出衡量了一下双方的实力，觉得自己绝对不是冯胜、傅友德和蓝玉等人的对手，只得向明军投降。至此，辽东全境遂告平定。

辽东既定，大明的江山总算真正统一了。和前朝一样，大明帝国拥有许多属国和藩国，可以说是傲视群雄，独步天下。

洪武二十五年（1392），高丽发生政变，大将李成桂推翻了亲元王朝，自立为王，改国号为朝鲜，并宣誓永世效忠大明王朝。东南的琉球国、西南的安南（今越南）、镇腊、占城、暹逻及南洋群岛的诸岛国也纷纷向大明帝国称臣，年年派使者向朝廷纳贡。

朱元璋也不吝啬，不但年年派使者前往各藩国答谢，还采取了许多有力的措施，促进各国文化、经济的发展，以及他们对中华文化的认同。比如，朱元璋规定，各国的读书人在本国通过考试之后可以到大明参加科举考试。如果考中，既可以留在明朝为官，也可以回到本国去任职。

对西南和西北的少数民族地区，朱元璋也采取了一些有利的措施，加强了中央政府对那里的控制。对南方少数民族地区和地方土司，朱元璋恩威并施，封土司酋长为官，允许其有一定的辖地和土民，利用他们来维持地方秩序，发展生产，征缴赋税。

与此同时，朱元璋还在西南地区实施了"改土归流"的改革。"土"即"土官"，指当地部族酋长，土司长官；"流"即"流官"，指由朝廷派任的一定任期的非世袭的地方官。所谓"改土归流"，实际上就是用流官监视土官，将其政治经济行为尽力纳入朝廷规范。

对于极边远的地区，朝廷采取了放任自流的愚民政策，只要土司肯听话，军政大事全凭其定夺。在内地则取积极的同化政策，如派流官协同治理，开设官路驿道，选拔土族子弟到国子监读书，如此潜移默化，逐步将其改建为朝廷直接治理的州县。

对西北的少数民族地区，朱元璋所采取的政策也大抵相同。在大明王朝统治的300余年时间里，西南、西北的少数民族大体上都算平静，基本上也没有发生过大的动乱。可以说，这多半是朱元璋开明的民族政策所带来的良好局面。

（三）

随着江山一统和帝国规模的不断扩大，国防和国都问题逐渐被提上了议事日程。基于自然环境的限制，从辽东到广东，沿海几千里的海岸线全部暴露在倭寇的掠夺范围之内；长城以外是蒙古的势力，元帝北走沙漠，仍有较为强大的军事实力。如果不在险要处屯兵，则铁骑奔驰，黄河以北不容易把守。

该如何解决这些问题呢？如果派人屯兵边境，时间一长势必会造成尾大不掉的局面。到那时，各地将领拥兵自重，大明王朝的天下还能不能姓朱都会成为一个问题。如果将兵权收归中央，则必须将国都迁到距离前线较近的地方，以便指挥边境的军事行动。但建设国都不能只考虑军事因素，还要考虑经济等各方面因素。

东南是全国的经济中心，但北方又必然是全国的军事中心。如果将国都建在东南地区，依附经济中心，则北边空虚，无法阻挡蒙古人的入侵；若建在北方与军事中心合一，则粮食、军需等仍需靠东南地区大量供给，劳民伤财，极不划算。

能不能找到一种两全其美的方法呢？聪明的朱元璋借鉴了历史上几大封建王朝的做法，有效地解决了这一矛盾。他将国都建立在东南的富庶之地，同时封子弟为藩王，镇守北部边疆和全国的各军事要地，以此来确保江山永固，社稷安稳。

明初定都应天，主要源于经济原因：第一，江浙地区富庶，"财富出于东南，而金陵为其会"；第二，朱元璋不忍放弃吴王时代所奠定的宫阙，如果忍痛割爱，必然又是一番劳费；第三是，从属将士大都是江淮子弟，不愿离乡别土。

洪武元年，明军在攻取汴梁后，朱元璋曾亲往视察，觉得汴梁位置虽然适中，但无险可守，四面受敌，还不如应天。但为了西北的军事进攻，必须有一个军饷和军力的补充基地，于是只得仿效古代的两京制，在8月间改应天为南京，改汴梁为北京。

洪武二年8月，徐达平定陕西，北方全入版图，形势改变，帝都问题再度提出。朱元璋力排众议，据南京形胜之地，虎踞龙盘，足以立国；且临濠（即濠州）前临长江，后倚淮水，地势险要，运输方便。于是，朱元璋决定以临濠为中都，动兵修筑城池宫阙。

但是，朱元璋的做法遭到了以刘基为首的大臣们的反对，最终只得在洪武八年4月作罢。直到洪武十一年，朱元璋才改南京为京师，正式定都。

京都虽然确定了，但朱元璋从未放弃过迁都西北的打算。当然，迁都目标依然是长安和洛阳。这两处是汉、隋、唐等几大封建王朝的都城，皆是数百年的帝都。

洪武二十四年（1391）8月，朱元璋特派太子朱标巡视西北，比较两地形胜。太子回朝后，献上陕西地图，并提出了自己的意见主张。不料，朱标竟然在洪武二十五年4月先于朱元璋而逝，迁都之事也就放下了。因为，此时的朱元璋已经65岁，又失去了自己最爱的长子，渐渐显出老迈之态。

介绍了朱元璋建都之事，再来看看他分封藩王的安排。早在洪武三年4月，朱元璋就封皇二子到十子为亲王，其中，二皇子朱樉为秦王，居西安；三皇子朱㭎为晋王，居太原；四皇子朱棣为燕王，居北平。

但是亲王就藩，实际是在洪武十一年（1378）定鼎京师之后才开始的。当年，秦王建国西安，三子晋王建国太原；次年，四子燕王朱棣建国北平。此后，其他幼王逐一成年，先后就国，星罗棋布，分驻到全国各个军事要地，形成了可靠、坚实的国防网络。

藩王有设置护卫的特权，少者3000人，多者可达9000人。平时守镇兵由常选指挥统领，护卫兵从王调度；遇有军情危急时，并皆从王调度。不过，守镇兵的调发除御宝文书外，还必须需要藩王令旨，二者缺一不可。

也就是说，藩王实际上是地方守军的监视人，是皇帝在地方的军权代表。朱元璋的这一措施牢牢地将军队掌握在了皇室的手中，地方官员和外戚根本无法染指。从一定程度上来看，这对稳固国家政权是十分有利的，但同时也给诸子产生争夺皇权的野心提供了温床。后来，燕王朱棣打败了他的侄子朱允炆，登上皇位，就是一个血淋淋的例子。

第十五章　强国之路

　　天下初定，百姓财力俱困，比犹初飞之鸟，不可拔其羽；
新植之木，不可摇其根。要在安养生息之。

——（明）朱元璋

（一）

　　历史经验一再表明，得贤才者得天下。朱元璋对此深有体会，他正是靠不断网罗天下贤才，才能够在元末的诸路英雄中脱颖而出，取得了天下。因此，他在当上皇帝的那年9月就颁布了《求贤诏》。

　　对于贤才，朱元璋也有着自己独到的见解。他曾对群臣说：

　　"人才不可一概而论。贤能之士，隐于老佛、筮、负贩者，顾在上者能拔用之……必须举世族，则有志者不得上达多矣！"

　　朱元璋朝中的官员主要来自三种途径。其中，跟随他打天下的人在立国之后大多都身居高位，这是选官的第一种途径。另外两种途径则是荐举和科举考试。立国初期的官员大多都是靠荐举入仕的。耆儒鲍恂、余诠、全思诚、张长年等人，年龄已经90多岁了，被朱元璋任命为文华殿大学士；儒士王本、赵民望等人，则被他任命为辅官，兼太子宾客。除此之外，还有许多平民百姓，他们由贫寒至富贵，对朱元璋感恩戴德，十分卖力。

不过不得不承认，由于平民百姓没有话语权，被荐举为官的大多仍是地主。但这些地主官僚的思想并不完全符合新朝的要求，而且出身贫民的朱元璋始终对地主阶层持有敌视心理，因此他对地主官僚并不满意。

在这种背景下，培养新兴官僚人才的国子监应运而生了。国子监的教职员，从祭酒、司业、博士、助教、学正到监丞都是朝廷命官，任免出于吏部。其政治功能和教育功能合为一体，官僚和师儒合一。

国子监里的生源分官生和民生两类。官生是由朝廷指派分发的，一类是品官子弟，一类是外夷子弟；民生是由各地方官保送的府州县学生员。起初，官生比民生要多。后来，官僚子弟入国子监学习者日少，民生依法保送者日多。到洪武二十六年（1393），在学的监生总数为8124名，官生只有4名。

监生的课业内容都是由朱元璋钦定的，主要有御制《大诰》《大明律令》《四书》《五经》和刘向的《说苑》等书，其中最重要的是《大诰》。《大诰》是朱元璋自己写的，有德编、二编、三编、大诰武臣共四册，主要内容为列举所杀官民罪状，使官民安守本分。

学生课业要求极严，规定每日要写字一幅，每三日背《大诰》100字，背《四书》100字，每月作文6篇，违者重罚。低年级只通《四书》的，入正义、崇志、广业三堂，中等文理条畅的升入修道、诚心二堂。在学满700天后，经史兼通的入率性堂；若在一年内考满8分者，即予出身作官。一般来说，只要能耐住寂寞，循规蹈矩，学成毕业，监生们都能被授以官职。

除国子监外，政府官吏的来源还有科举制度。国子监生可以不由科举直接任官，但从科举出身的人必须是学校的生员。府州县学的生员（秀才）每三年在省城会考一次，称为乡试，及格的为举人。各布政司举人名额是一定的，除直隶百人最多，广东、广西25人最少，其他地区都为40人。第二年举人会考于京师，称会试，会试及格者再在殿廷经过一次复试，称廷试或殿试。发榜分一、二、三甲：一甲只有3人，分别称为状元、榜眼、探花，赐进士及第；二甲若干人，赐进士出身；三甲又若干，赐同进士出身。

状元授翰林院御修，榜眼探花授编修，二、三甲考选庶吉士的为翰林官，其他均授官职大小有差。举人贡生会试不及格的改入国子监，也可选作小京官，或作府佐州县的正官及学校教官。

学校和科举并行，学校是科举的阶梯，科举是学生的出路。学校的兴办，不但提高了全民的文化素质，更主要的是使皇朝的统治思想深入民心，不断教化臣民遵守臣道，为国效力。科举的提倡，也选拔出了一批优秀的人才，为明朝的政治经济统治训练出了一大批忠实能干的官僚人才，从某种程度上打破了任人唯亲的官场腐败气息，实现了唯才是举、科举面前人人平等的新的仕途之道。

但是，科举考试和学校教育过分奴性化，专以四书五经为要，严重束缚了人们的思想。在这种背景下，国人因循守旧，缺乏创新意识，终于导致中国在封建王朝末期走上了衰落之路。

（二）

从根本上来说，国家的长治久安需要国民经济的持久、健康发展。数千年来，农业生产一直都是中国的经济命脉，农民问题也成为历代王朝所关心的中心问题。农民反则天下大乱，农民安则天下太平。

贫苦农民出身的朱元璋对此深有体会，他曾不止一次地说：

"在士、农、工、商四民之中，农民最劳苦。春天鸡一叫就起床，赶牛下田耕种，插下秧子得除草、得施肥，大太阳里被晒得黑汗直流，劳碌得不成人样。好容易巴到收割了，完税纳租之外，剩不了一丁点儿，万一碰上水旱虫蝗灾害，全家就得饿肚子，还毫无办法。可是国家的赋税全是农民出的，当差作工也是农民的事。要让国家富强，必得农民安居乐业才办得到。"

元朝时期，权贵之家盛行蓄奴之风，多者蓄奴达千余人。如此一来，大量的劳动力就被禁锢在豪门权贵之家，无法从事农业生产。为了改变这种情况，朱元璋在洪武五年（1372）就布告全国，凡是因战乱被迫当奴隶的，主家必须立即放还，恢复其自由民身份；凡是因饥荒而被典卖为奴的男女，一律由政府代为赎身。同时还规定，地方富豪不得蓄养奴婢，所养奴婢一律放归，令其从事耕织，违者杖脊一百。

此令一下，各地闻风而动，纷纷将家奴放归乡里，从事农业生产。短短数月之内，农民数量便增加了几十万。

为了增加劳动力和农田数量，朱元璋还大力推行"招抚流亡"的政策，号召因战争和灾荒逃亡的农民回到本乡开垦荒地。政府规定：新开垦的土地归开荒者所有，且免征三年田税。为保障开荒者的基本生活需求，政府还会在第一年拨给开荒者良田、菜地等。

在鼓励垦荒的同时，朱元璋又推行了屯田政策。屯田主要分为民屯、军屯、商屯三种形式。

所谓民屯，就是移民屯田，把人们从土地少的地方迁移土地多的地方去安家落户，从事农业生产。洪武三年6月，朱元璋曾一次从苏州、松州、松江（今上海市松江区）、嘉兴、湖州、杭州等地迁徙4000多户无地农民到临濠去垦荒。此后数年，他又从江南迁徙14万户农民到凤阳安家耕种；从大漠迁徙3.2万余户到北平屯田；山西泽州、潞州（今山西省长治市）农民到河北耕种；移广东番禺、东莞等地两万余户于泗州屯田……

移民屯田由朝廷发给农具、耕牛、种子，且三年免收赋税，任其开垦种植。无田农民得到了土地，自然欢天喜地，安家立业，激发了生产的积极性。

安置好了无地农民，不但能使国家税收稳步增长，社会治安也逐步得到改善。据《明史》记载，仅洪武二十七年（1394），民屯上缴国库的粮食就达300余万石、棉花248万斤。

所谓军屯，就是让军队屯田生产。这一措施早在朱元璋打天下时就已经在实施了。立国之后，朱元璋又命令"天下卫所，一律屯田"。明文规定：边疆军士三分守城，七分屯耕；内地军士二分守城，八分屯耕。每个军士拨给50亩土地耕种，由朝廷拨给耕牛、农具、种子，三年不纳税，三年后每亩税收一斗，其余留作卫所军粮。

朱元璋有百余万军队，屯田数量达90多万顷，所需军粮基本自给。对此，朱元璋曾自豪地说：

"朕养兵百万，不费百姓一粒米。"

商屯并不是朝廷明文规定的，而是由商人自发实施的。明朝政府规定：商人必须运粮实边。商人们为了免除长途贩运之苦，索性雇人在边地屯垦，就地缴粮。后来，在边地屯田的商人越来越多，边地也就逐渐繁荣起来。

除此之外，朱元璋还十分重视水利建设。他曾通令各地方官吏，凡是百姓有关水利的建议必须及时陈奏。洪武二十七年，朱元璋特别指示工部官员，凡是陂、塘、湖、堰可以蓄水泄水、防备旱涝的，都必须根据地势一一修治，并派国子监学生和水利专家分赴全国各地督修水利工程。

据洪武二十八年（1395）统计，大明朝共开塘堰40908处，疏通河流4162条，修建陂渠堤岸5048段。其中，工程浩大的和州铜城堰闸周围200余里，十分壮观；广西兴安的灵渠可以灌溉万顷良田；所开的山东蓬莱阁河、浚陕西泾阳县洪渠堰可灌溉沿途良田200余里。其余水利建设更是不计其数。

（三）

为了减轻百姓的负担，朱元璋还经常减免税收。朱元璋之所以这样做有多种原因：一是因战争叨扰根据地，使民力竭者免；二是遇水旱虫灾者免；三是虽无灾害，但因地薄民贫者也免。

当时，东南地区的苏州、松州、嘉兴、湖州等地是著名的鱼米之乡，被誉为天下粮仓。因此，该地区的赋税负担十分沉重。朱元璋得知这一情况后，便于洪武七年（1374）5月下令减租，以养民力。亩税由7斗5升减至一半。农民还说负担重，朱元璋又于洪武十三年3月再次下诏减租百分之二十，亩税只收2斗8升。

除了减免税粮，朱元璋还在各地设预备仓，由地方耆老经管，存粮、贷米、赈米以及布钞，解民之急。后来，他又设惠民药局，凡民贫病者，免费医疗；设养济院，贫民无依靠者许入院赡养，月供米3斗、柴30斤及冬夏换季布一匹。

除了这些长期的做法外，朱元璋还时不时地发布一些临时的诏命，帮助贫苦的百姓。洪武十二年（1379）2月，南京普降大雪，冻死路边的孤寡老人很多。朱元璋知道后，立即颁布《谕中书赈济京城孤老》的诏书。诏书上说：

"今春雨雪霏霏，终旬不止，严凝之气彻骨。朕思昔居寒微时，当此之际，衣单食薄，甚是艰辛。此时居九重，衣貂裘，觉寒苦若是，其京城孤老，又不知以何度日。尔中书下府尹，令各三等给监，以十劬为上。如敕施行，毋稽。"

洪武十九年（1386）6月，朱元璋又诏有司慰问各地的长寿老人。

他规定：贫民80岁以上者，月给米5斗、酒3斗、肉5斤；90岁以上者，每年加帛一匹、絮一斤；有田产者罢给米。应天、凤阳富民年80岁以上者赐爵社士，90岁以上者赐乡士；天下富民80岁以上者赐里士，90岁以上赐社士。"皆与县官均礼，复其家。鳏寡孤独不能自存者，岁给米六石。士卒战伤除其籍，赐复三年，将校阵亡，其子世袭加秩。岩穴之士，以礼聘遣"。

从朱元璋所采取的这些措施可以看出，他虽然当上了皇帝，但仍然对自己的出身和少年时期的贫苦生活念念不忘，因而十分体恤百姓。当然，他这些发展农业生产、体恤民情的做法也得到了百姓的普遍拥护。明朝初年，经济迅速恢复发展。

根据洪武二十六年的统计，全国水田登记总数为8507623顷，夏秋二税收麦470万石，米2470万担。和元代全国岁入粮数数相比，明朝的税收增加了一倍多。

国家的人口也有所增长。到洪武二十六年，全国共有16052680户，共计60545812人。而元朝的鼎盛时期，即元世祖忽必烈时期，全国也仅有11633281户，共计53654337人。两者相比，明朝初年的人口比元朝鼎盛时期增加了340万户、700万人。

如果与元朝末年相比的话，增加的人口数量更是不止这个数。当时，天下大乱，各地饿死、战死者不计其数，一些地方甚至出现了十室九空的惨况。而朱元璋经过20余年的苦心经营，无论从经济方面，还是从社会发展方面来看，都取得了长足的进步。

洪武二十七年，开心不已的朱元璋命工部在江东诸门外建了15座楼馆，许民设酒肆其间，以接四方宾客。他还亲自命名为"鹤鸣""醉仙""讴歌""鼓腹""来宾""重泽"。朱元璋赐文武百官大宴醉仙楼，庆祝天下太平之福。

朱元璋一生节俭，在他的故乡凤阳，现在还流传着四菜一汤的歌谣："皇帝请客，四菜一汤，萝卜韭菜，着实甜香；小葱豆腐，意义深长；一清二白，贪官心慌。"据传朱元璋给皇后过生日时，也只用红萝卜、韭菜；宴请官员，也只是青菜两碗，小葱豆腐汤。而且他还约法三章：今后不论谁摆宴席，只许四菜一汤，谁若违反，严惩不贷。

第十六章　特务机构

朕收平中国，非猛不可。

——（明）朱元璋

（一）

朱元璋是靠结党起家的，知道结党营私的利害。他又亲见过元末的大臣们割据一方，不听朝廷号令的事实。因此，他在掌握大权之后，对身边的大臣和将军们颇不放心。早在占领应天之时，朱元璋就设立了检校，监视危险分子和臣属幕僚的一言一行。

检校一般由文官担任，最著名的头目有高见贤、夏煜、丁光眼、杨宁、凌说等人。他们专职"伺察搏击"，告发别人的隐私。朱元璋对这些耳目十分得意，经常说：

"有这些人，好比人家养了恶犬，别人都害怕一样。"

高见贤曾向朱元璋建议说：

"在京犯赃经断官吏，不无怨望，岂容辇毂之下居之？及在外犯赃官吏，合发江北和州、无为两地住坐。彼处荒田甚多，每人拨20亩地垦种，亦且得人纳粮当差。"

朱元璋说：

"爱卿所言极是，照准去办。"

此令一出，许多官僚们整日提心吊胆，唯恐发和州、无为荒地屯植，都搜罗高见贤罪状，由杨宪举劾，也发高见贤去和州种田。许多在和州被罚种田的人都指着高见贤的鼻子骂：

"此路是你开，今亦到此来，是报应！"

不久，高见贤就不明不白地死了。随后，夏煜、丁光眼等人也先后被人告发，惹得朱元璋龙颜大怒，立时将其斩首示众。

被朱元璋视为心腹的还有靳谦、何必聚、毛骧、耿忠、小先锋张焕、吴印、华克勤等人。他们无孔不入，严密地监视着朝中大臣的一举一动。因此，朱元璋对朝中大臣的一举一动都了如指掌。

有一次，朱元璋读孔孟之书，认为《孟子》有许多对维护皇帝地位不利的语句，特命刘三吾等重编《孟子节文》，删去了"民为贵，社稷次之，君为轻"等85条语录，只留下170余条颁行。删除部分"课士不以命题，科举不以取士"。

当时著名的儒生钱宰被征召来朝廷，与刘三吾等一起编《孟子节文》。钱宰是个穷酸文人，对做官不感兴趣，十分向往田园生活。一天，他忙了一整天，回到寓所后长长地叹了一口气，随口吟道：

"四鼓咚咚起着衣，午门朝见尚嫌迟。何时得遂田园乐，睡到人间饭熟时。"

第二天早朝，朱元璋料理完朝政，突然对钱宰说：

"钱宰，你昨晚的诗作得不错。不过，'午门朝见尚嫌迟'一句中'嫌'字用的不好，改为'忧'字如何？"

钱宰一听，吓得汗流浃背，"扑通"一声跪在地上，磕头如捣蒜：

"皇上圣明，明察秋毫，小人该死。"

朱元璋听了，笑着说：

"朕不怪你，改了就好。"

宋濂性格最为诚谨，从不撒谎。有天晚上，他找几位将军和大臣在家中饮酒。第二天早朝时，朱元璋当面就问宋濂道：

"昨天喝酒没有？请了哪些客？备了什么菜？"

宋濂一一据实以对，朱元璋满意地笑着说：

"全对，你没有骗朕。"

宋濂听了，吓得魂飞魄散，心想：

"皇上连我们喝的什么酒、吃的什么菜都知道，这检校实在是无孔不入啊！"

一切正像宋濂所想的那样，朱元璋不但知道臣属家中发生的大小事件，甚至连其床帏之事也都一清二楚。有一次，国子祭酒宋讷在上朝时单独站在一边，面有怒容，朱元璋突然问他：

"宋爱卿，你昨天晚上的气还没消吗？"

宋讷大吃一惊，心想：昨晚小妾撒泼，自己生了气，难道皇上连这件事情也知道了？他只好照实说了。朱元璋听完，笑着说：

"你没有撒谎。"

说着，朱元璋便将检校昨晚画的画像拿出来给宋讷看。宋讷一看，吓得"扑通"一声跪在地上，赶忙谢罪。

朝中文武见了，皆呼：

"皇上圣明。"

朱元璋不但严密地监视着朝中大臣的一举一动，甚至还赋予乡村里甲巡检的权力。洪武十五年，朱元璋手令"要人民互相知丁"。"知丁"就是监视的意思。对于邻里乡亲的出入远行必须随时掌握和报告，若发现图谋不轨者，必致邻里连坐。

洪武十五年，为适应大规模的清洗需要，朱元璋特设锦衣卫，把侦伺处刑之权交给武官。锦衣卫的前身是吴元年设立的拱卫司，洪武二年改为亲军都尉府，统领左、右、前、后、中五卫和仪鸾司，掌管侍卫、法驾、卤薄等事。

锦衣卫设有三品指挥使一人，从三品同知两人，四品佥事三人，五品镇抚两人，五品十四所千户14人，从五品副千户和六品百户。所统有将军力士校尉，执掌直驾侍卫巡察缉捕。镇抚司分南北，北镇抚司专理诏狱。

直驾侍卫只是形式上的职务，巡查缉捕才是工作的重心，凡是"不轨妖言"，都在缉捕巡查之列。所谓"不轨"，实指政治上的反对派；"妖言"，实指不满现状要求改革的宗教团体，尤其是弥勒教、白莲教和明教等。因为朱元璋从红军出身，当初也喊过"弥勒降生""明王出世"的口号，非常明白宗教教义的号召力，更清楚聚众结社对政权统治的威胁。所以，他必须加强对宗教团体的监视和管理。

（二）

从维护皇权的角度来看，朱元璋在建国初期设立锦衣卫等特务机关是符合历史发展进程的。明朝历史上著名的胡惟庸案就充分说明了这一点。

胡惟庸是定远人，与明朝首任丞相李善长有亲属关系，也是淮西官僚集团的重要人物。说起胡惟庸案，还要从李善长说起。李善长有个缺点，就是外表宽厚，但心胸狭窄。谁得罪了他，他一定要想方设法地把对方除掉。

李善长跟随朱元璋南征北战多年，被誉为大明王朝开国第一功臣。洪武三年，李善长被朱元璋封为韩国公。当时，得到公爵封号的只有6

个人，其他5个人分别是徐达、常遇春的儿子常茂（此时常遇春已经病卒）、李文忠、冯胜和邓愈。除李善长是文臣之外，其他5个人都是一等一的名将。

相比之下，另外一位文臣刘基却只得到了诚意伯的封号。而且，他的俸禄也是伯爵中最低的，年俸只有240石，而李善长是4000石，多出刘基十几倍。从中也可以看出，朱元璋是个乡土观念很浓的人。李善长是他的淮西老乡，而且多年来只在幕后工作，从不抢风头，只是埋头苦干，朱元璋对他十分放心。但刘基不一样，首先他是浙东人，是半路跟随朱元璋的。更重要的是，他目光敏锐，对天下形势的判断比朱元璋还要准确。对待这样一个千古奇才，朱元璋无论如何是不会放心的。

久而久之，朝中就形成了以李善长为首的淮西官僚集团和以刘基为首的浙东官僚集团。淮西官僚集团中比较著名的人物除李善长之外，还有胡惟庸。浙东集团中则以刘基和杨宪为代表。

两大集团经常明争暗斗，都想压倒对方。浙东集团中的杨宪是个很聪明的人，他韬光养晦，扶植高见贤等人，并利用言官的力量，不断收集李善长的把柄，暗中向朱元璋打小报告。朱元璋的疑心很重，因此他也渐渐对李善长产生了怀疑。

为扭转局势，李善长开始重用胡惟庸。但让他没想到的是，这个选择最终让他踏上了不归之路。

朱元璋对此逐渐有所警觉，便想撤掉李善长的相位。有一天，朱元璋宣刘基觐见，两人天南海北地谈了一些闲话。突然，朱元璋以极其严肃的口气问刘基：

"如果换掉李善长，谁可以做丞相？"

刘基略一沉思，回答说：

"李善长是功勋卓著的旧臣，能够协调诸将领之间的关系。"

朱元璋说：

"他曾几次要害你，你怎么还替他说情呢？朕打算让你担任丞相的职务如何？"

刘基忙叩头道：

"这就好像更换房屋的柱子，必须用粗大的木头。如果用细小的木头捆在一起来代替粗大的木头，房屋马上就会倒塌。"

不久，李善长被罢免了丞相之职，朱元璋准备任杨宪为丞相。杨宪平时与刘基关系很好，但刘基却极力劝朱元璋不要任杨宪为宰相，他说：

"杨宪有宰相的才能，却没有当宰相的气度。当宰相的人，心地应该像水一样平，用义理作为权衡事情的标准，而不可掺杂自己的成见和私心。杨宪不是这种人。"

朱元璋接着问：

"汪广洋如何？"

汪广洋并既不是淮西集团的成员，也不是浙东集团的成员。不过，朱元璋怀疑他和刘基勾结，所以这样问。

刘基连忙回答说：

"这个人的狭隘和浅薄大概比杨宪还厉害。"

朱元璋又问：

"胡惟庸怎么样？"

刘基缓缓说道：

"胡惟庸现在是一头小牛，但将来他一定会摆脱牛犁的束缚。"

朱元璋有些着急，又说：

"看来只有你才能担任丞相之职了。"

刘基又回答说：

　　"我并非不知道自己可以，但我这个人嫉恶如仇，皇上还是慢慢挑选吧。现在的朝中之人，在我看来并没有合适的。"

　　刘基这句话触怒了朱元璋，这不是在讽刺朱元璋的朝中无人可用吗？

　　从此之后，朱元璋就开始渐渐疏远刘基。到洪武三年，朱元璋亲自下书给刘基，对他说：

　　"你年纪大了，应该在家颐养天年，不必陪我了。"

　　刘基会意，立即告老还乡。淮西集团抓住这个有利时机，找个借口杀掉了杨宪。不久，胡惟庸便顺理成章地当上了丞相。

（三）

　　一切正如刘基所说的那样，胡惟庸当上丞相之后，立刻就挣脱了"牛犁的束缚"，逐渐开始结党营私，专权起来。朝廷上生死人命、升降官员等大事，他也不向朱元璋报告，而是径自处理。有关对自己不利的奏折，他首先拆看，扣下了事。后来，他还下毒毒死了刘基和刘基的儿子。洪武六年，胡惟庸又挤走了另一个丞相汪广洋，独揽丞相大权，并掌权达7年之久。

　　朱元璋为什么会容忍胡惟庸这么久呢？可以说，这是朱元璋的一大策略。建国之后，他见满朝都是才华出众者，唯恐自己的子孙无法驾驭他们，便产生了诛杀功臣的念头。这就是史书上常说的"狡兔尽，走狗烹"。实际上，刘基之死，朱元璋就难辞其咎，甚至有野史说，是朱元璋指派胡惟庸毒死了刘基。

　　朱元璋之所以容忍胡惟庸胡作非为长达7年之久，一是想将他背后的大树——李善长一起扳倒，二是想废除延续了千年之久的丞相制度。因为丞相制度在一定程度上制衡了皇帝的权力，而朱元璋则认为天下应该姓朱，任何人都不能染指朝廷大权，丞相也不例外。不过，丞相制度已经延续千年，不是他说废就能废的，必须找个借口才行。而胡惟庸的肆意妄为恰好为朱元璋提供了这样一个机会。

胡惟庸也不是傻瓜，他早就看出了朱元璋的欲擒故纵之计。为了保命，也为了维护自己手中的权力，胡惟庸决定把李善长拉下水。

开始时，李善长坚决不从，但胡惟庸有的是办法。李善长的弟弟李存义是胡惟庸的儿女亲家，两人过从甚密。于是，胡惟庸便先把李存义拉拢到自己一边。李存义得了好处，不停游说李善长。时间一长，李善长也就默许了这件事情。他对李存义说了一句意味深长的话：

"我已经老了，等我死后，你们自己看着办吧。"

而朱元璋时刻都在派检校秘密注视着胡惟庸的一举一动。有一次，胡惟庸带家人出游，他的儿子不小心坠马死于路过的马车轮之下。胡惟庸大怒，没有通知有司便杀了车夫。这件事情传到朱元璋那里，他命令胡惟庸向他解释这件事。

胡惟庸赶紧来到皇宫向朱元璋解释。但朱元璋这次不吃他那一套了，只是冷冷地说了一句：

"杀人者偿命！"

从此之后，朱元璋便开始想方设法对付胡惟庸。据史书记载，胡惟庸也在秘密准备谋反事宜。洪武十二年10月，占城国派使节来南京进贡，但胡惟庸却没有将此事奏报给朱元璋。

朱元璋得知这一情况后，勃然大怒，严辞训斥了应对此事负责的胡惟庸和时任左都御史的汪广洋。不久，朱元璋就借故杀了汪广洋，并囚禁了一大批与此事相关的官员。

胡惟庸也感到了来自朱元璋的威胁，而他的同党也不是傻瓜，自然也看到了胡惟庸即将失势的现实。御史中丞涂节本来是胡惟庸集团中的重要人物，他见胡惟庸失势了，便把胡惟庸意图谋反的阴谋上报给了朱元璋。

朱元璋终于等到了这一天。他立即命令锦衣卫逮捕胡惟庸，处以磔刑，并灭三族。所谓磔刑，就是分尸处死。在一般人看来，事情到这里就该结束了，但在朱元璋看来，事情离结束还远着呢！他又命令锦衣卫深入调查此事，将所有同谋一律处死。

结果，从洪武十三年案发开始，朱元璋一连查了好几年，被杀者也多达万余人。受株连处死的主要人物有御史大夫陈宁、中丞涂节、太师韩国公李善长、延安侯唐胜宗、吉安侯陆仲亨、平凉侯费聚、南雄侯赵庸、荥阳侯郑遇春、宜春侯黄彬、河南侯陆聚、宣德侯金朝兴、靖宁侯叶、申国公邓镇（邓愈之子）、济宁侯顾敬、临江侯陈镛、营阳侯杨通、淮安侯侯华中，以及大将毛骧、李伯、丁玉、宋濂的孙子宋慎等人。

本来朱元璋是打算将宋濂一起处死的，后来因为马皇后求情，他才免去宋濂一死，将其贬谪大四川茂州。宋濂一路担惊受怕，不久就在途中凄然死去了。

胡惟庸死后仅仅一个月，朱元璋就以此为借口废去中书省，仿周官六卿之制，提高六部地位：吏、户、礼、兵、刑、工每部各设尚书一人，左右侍郎各一人。尚书直接对皇帝负责，所有大事都由皇帝一人裁定。

通过这一措施，朱元璋从根本上取消了延续上千年的相权。皇帝除了是国家元首之外，又是事实上的政府首脑，直接领导和推进庶务，皇权和相权合一；加上军队的指挥权、立法权、司法权、赋税加免权以及超法律的任意处分权等，人类所能想到所能运用的一切权利，都集中到了朱元璋一人之手，不对任何个人和团体负责。自此，中国封建社会走上了皇权的巅峰。

在明朝以前，人们记账都是使用"一、二、三"等汉字和自己创造的一些简单符号。这种记数的方法虽然简单实用，而最大的缺点也是因为太简单，容易涂改。这就让一些贪官污吏有了可乘之机，比如把"一"改成"二"、"三"、"六"、"七"、"十"，把"三"改成"五"，再加上字迹了草一些，想辨出真伪都很难。朱元璋深感元朝末年贪污腐败严重，深感治理腐败不光要严惩罪犯，还要从制度上堵上贪污受贿之门，因此大写的"壹、贰、叁、肆、伍、陆、柒、捌、玖、拾、佰、仟"就成了朱元璋的发明之一。这些汉字写起来虽然麻烦，但却能有效避免涂改数字，故"大写"数字一直沿用至今。

第十七章　魂归孝陵

殡无棺椁，被体恶裳，浮掩三尺，莫何肴浆。

——（明）朱元璋

（一）

朱元璋诛杀了不少功臣，还大兴文字狱，但从维护封建统治的方面来看，这是情有可原的。当然，如果从个体生命的角度而言，他的罪过实在不容原谅。毕竟，那些死在他手下的冤魂再也无法复活了。

不过，有一个人至始至终都得到了朱元璋的敬重，这个人就是大脚马皇后。在统一天下的过程中，马皇后功不可没。对这一点，朱元璋自己也认识得很清楚。他登基称帝的当天，就对皇后说：

"非后德齐一，安有今日，其敢以富贵忘贫贱哉！"

当初，朱元璋与郭子兴产生矛盾，多亏马皇后从旁调停。其他将领出战，总要掠获些财物向郭子兴献礼，朱元璋带兵秋毫无犯，即使缴获一些战利品，也尽数分给部下。因此，郭子兴对他极为不满。马皇后担心义父怪罪朱元璋，就拿出自己平素的积蓄献给义母张氏，求她向义父调停说情。这样，朱元璋才得以在红巾军中站稳脚跟，直到后来创建了滁阳一旅。

在战争的岁月里，朱元璋的军中经常缺粮。每每此时，马皇后总是将自己的口粮省下来给丈夫吃，自己饿着肚子。她还亲自掌管丈夫的文札，无论是行军作战时的军状文书，还是朱元璋随手写下的札记、备忘录，都由她整理保管得"籍簿井井"，"仓促取视，后即于囊中出而进，未尝脱误"。

平日在军中，马皇后还时常替丈夫出谋划策，提出一些很好的建议。有一次，朱元璋率主力先行渡江，马皇后担心元军从后偷袭，不等朱元璋下令就迅速带领眷属和后勤物资紧急过江。众人刚刚渡过长江，元军果然倾巢而至。由于马皇后的果断决策，避免了一次重大的损失。

当上皇帝后，朱元璋经常回忆起早年的艰辛，盛赞马皇后之德。他曾对群臣说，马皇后与唐太宗李世民的长孙皇后一样贤德。马皇后听说后，诚恳地说：

"妾闻夫妇相保很容易，但君臣相保就难了。陛下不忘妾曾经与您同甘共苦，也希望您不要忘了当初群臣和您在一起吃苦的岁月。再说了，妾怎敢与长孙皇后相比呢！"

朱元璋多次提出要寻访皇后的宗族亲戚，封赏爵禄，都被马皇后婉言谢绝。她说：

"将爵禄赐给外家（指外戚），不符合朝廷的法度。况且，妾的家亲属未必有可用之才。一旦他们骄淫起来，不守法度，就不好办了。前代外戚专权的事例比比皆是，大抵都是因为这个原因。陛下加恩妾族，只要厚赐财物，使他们能够生活下去就足够了。如果不是根据才能而授官，导致他们恃宠而骄，最终招来灭族之祸，这不是妾愿意看到的。"

正因为马皇后的表率作用，明朝才有后宫不干政、外戚不专权的现象。这是汉唐以来不曾有过的，在一定程度上也促进了政局的安定和社会的发展。

后来，朱元璋诛杀功臣，大兴文字狱，甚至平白无故地杀人，马皇后多番劝解，保住了不少人的性命。有一次，朱元璋在前朝生了气，回到后宫，马皇后接驾，宫女在挑帘时，不慎挑到了朱元璋的平天冠。

朱元璋勃然大怒，责骂宫女，宫女吓得跪在地上磕头求饶。马皇后见了，装作很生气的样子，命人速将这个宫女送到宫正司论罪。朱元璋说：

"朕可治她的罪，为什么押走？"

马皇后说：

"帝王不能凭喜怒来进行惩罚或奖赏，当您生气的时候，惩罚一定过重，何不交给宫正司根据法度公平处理呢？这也类似您给人论罪，交给有司处理一样。"

朱元璋听了这一番话，一边盛赞马皇后之德，一边命人将宫女交给宫正司处理去了。

有一次，皇子的教师李颜因小皇子顽皮不听话，不小心用笔管戳伤了他的额角。小皇子哭着到父亲处告状。朱元璋大怒，要杀掉李颜。马皇后立即从旁劝解说：

"哪有制锦而厌恶裁剪者的道理呢？袒护孩子的过错而惩罚别人，这是妇人之爱啊！寻常百姓家尚且尊师，何况帝王家呢？"

朱元璋听马皇后说得有理，不但没有惩办李颜，反而提升他做左春坊右赞善。

马皇后最小的孩子朱橚放荡不羁，长大后封到开封做周王。为了约束他，马皇后派江贵妃随往，临行时赐给江贵妃一件自己平时所披的纻衣和一根手杖，说道：

"王有过，你就披衣杖之。如果他不听话，你就派人来告诉我。"

朱橚听了母亲的这番话，到了开封之后再也不敢胡作胡为了。

不幸的是，贤德的马皇后去世得很早。洪武十五年8月，马皇后病死，年51岁。临死前，她怕连累医生，不肯服药。朱元璋问她为什么不吃药，她回答说：

"妾自知必死，何必连累医官呢？如果我吃了他的药，没有治好病，陛下肯定会迁怒于他，把他杀了。"

马皇后的一席话，让在场的人听后无不落泪。

（二）

古代帝王多求长生不老之术，其中不乏明君贤主，如秦始皇、唐太宗等人。但长生之术乃是江湖术士的虚妄之言，生老病死才是千古不易的至理。朱元璋不相信人可以不老，但他坚信自己开创的基业可以一代代地延续下去，永不崩坍。因此，他在称帝的同时就仿照古制，立长子朱标为太子，以求永葆朱家王朝不为他人所有。

为了把朱标培养成一代明君，朱元璋也是煞费苦心。洪武元年，尚书陶凯奏请选人专任东宫官属，朱元璋说：

"朕以朝廷的有德之臣兼任东宫官属，并不是没有原因的。朕常常担心朝廷之臣与东宫的官属不能相容，产生嫌隙。历史上有不少王朝都是因为朝廷与东宫不和而致灭亡的，不可不引以为鉴。朕今立法，令台省等官兼东宫官，赞辅之，父子一体，君臣一心。"

于是，朱元璋为太子选了最好的老师：以李善长为太子少师，兼詹事；冯胜兼副詹事；杨宪等人兼府丞；徐达兼太子少傅；常遇春兼太子少保；邓愈、汤和兼太子谕德；章溢兼太子赞善大夫；刘基兼太子率更令。这些人都是明朝的开国功臣，文治武功皆是当世一流。

为了锻炼朱标的执政能力，朱元璋多次派太子外出祭祖，到农村考察民间疾苦，赈济灾民。马皇后死后，朱元璋又让太子帮着处理一般政务，令大臣有事先启奏太子，由太子做出决定。他煞费苦心地要趁自己健在之时树立太子的威信，指望朱标能成为一个文武兼备的帝王。

不过，朱标生性忠厚，又长期受儒家传统教育，渐渐成长为一个典型的儒生型人物，与朱元璋的性格相差甚远。当然，这主要还是由于两人的出身、经历、所受教育、文化素养等不同造成的。

青少年时期的朱元璋是在贫困、战争中成长起来的，主张以猛治国，用法庭、监狱、特务组织统治臣民，用杀罚震慑臣民，使人知惧而俯首被治。但朱标出生在帝王之家，自幼享受锦衣玉食，学的又都是周公、孔圣之道，大讲仁政、慈爱，主张杀人越少越好。

如此一来，父子之间必然会产生矛盾。据说，宋濂因为胡惟庸案牵连而被朱元璋治罪，朱标哭着向父亲求情，希望他能在看在宋濂是自己老师的份上饶他一命。

朱元璋见状，大骂太子：

"等你做了皇帝再赦他吧！"

朱标惶恐不安，想投水自杀，幸亏左右救护，方才免得一死。

第二天，朱元璋把太子叫到面前，厉声问道：

"为何寻短见？"

太子回答说：

"陛下杀人过滥，恐伤和气。"

朱元璋不做声，命人拿来一根带刺的棘杖放在地上。太子以为朱元璋要对自己用杖刑，吓得魂不附体。但朱元璋并没有要责罚他的意思，而是说：

"你把它拿起来！"

太子看着杖上的尖刺，面有难色，不敢取杖。过了半晌，朱元璋才说：

"你怕刺扎手不敢拿吧？我把这些刺都除掉了，再交给你，岂不是好？我所杀的都是朝廷的坏人，内部清理好了，你才能当这个家！"

到洪武二十五年，65岁的朱元璋终于杀光了谋臣武将，可以安心地将帝位传给朱标了。但恰在此时，朱标却因病去世了。朱元璋伤心至极，痛哭多日。他不单是为失去一个儿子而痛哭，更多是为大明江山的未来而痛哭。费了那么多心血培养太子，就是想让江山永固，却没料到太子会先他而去。

朱元璋实在是太钟爱朱标了。朱标死后没多久，朱元璋就下诏，立朱标年仅16岁的儿子朱允炆为皇太孙。然而，皇太孙朱允炆年纪太小，性格又很像他的父亲朱标，长在深宫，未经世面。朱元璋担心他将来无法掌控局面，就又将傅友德、冯胜、蓝玉等一批老将除掉了。他觉得，这些人刚猛有余，绝不是一介儒生所能驾驭的。万一他们将来产生谋反之意，大明王朝就得改姓了。

为了让朱允炆能稳坐皇帝的宝座，朱元璋还命人编了一部书，名为《永监录》；同时还颁发了《皇明祖训》条例。这实际上是在用法律的形式来规定皇帝、藩王、臣下应该怎么做，不应该怎么做。他直言不讳地说：

"后人有更改祖训者，以奸臣论，杀无赦。"

但朱元璋怎么也没想到，他机关算尽，最后还是没能保住朱允炆的帝位。他死后不到5年，燕王朱棣便兴兵南下，援引祖训，以靖难为名，占领南京，自立为皇帝。朱棣就是历史上著名的明成祖。

（三）

朱元璋一生勤勉，事必躬亲，平均每天要亲自批阅150余件奏章，裁决400多桩案件。每天天不亮，他就起来办公，一直到深夜还不能休息。直到晚年，他依然天天如此。或许是精神太紧张了，朱元璋的性格越来越怪僻，经常喜怒无常，令王公大臣们胆战心惊，但又无所适从。

据说，晚年的朱元璋夜里经常做恶梦，梦到大明江山不稳，梦到自己命不久矣，梦到天山的神仙宫阙……每当这个时候，他都会发高烧，心跳加快，汗流浃背。但到了第二天，他又像没事人一样，去处理公务了。

洪武三十一年（1398），71岁的朱元璋终于熬到了油尽灯枯之时。当年5月，朱元璋出现了心力衰竭的症状，病卧西宫，再也起不来了。尽管请尽天下名医，用尽万种药方，他病情依然一天天恶化下去。

5月11日，朱元璋自知生命将终，便趁着尚有一口余气，挣扎着写下了遗诏。诏文如下：

"诏曰：朕受皇天之命，膺大任于世，定祸乱而偃兵，绥生民于市野，谨抚驭以应天，今三十一年矣。忧危积心，日勤不息，专志有益于生民。奈何起自寒微，无古人之博智，好善恶恶，不及多矣。年以七十有一，筋力衰微，朝夕危惧，虑恐不终。今得万物自然之理，其奚哀念之有。皇太孙允炆仁明孝友，天下归心，宜登大位，以勤民政。中外文武臣僚同心辅佐，以福吾民。凡丧葬之仪，一如汉文无异。布告天下，使明知朕意。孝陵山川，已因其故，无有所改。"

朱元璋在遗诏中首先回顾了自己的一生。年轻时，他一直都生活在贫困和屈辱之中，为了糊口，给地主家放过牛，当过和尚，甚至还偷过东西。天下大乱之后，他参加了红巾军，逐步取得兵权，直至夺取天下。到41岁时，他终于当上了皇帝。称帝后，他实行法治，兴利除弊，不忘百姓疾苦，屯田垦荒，发展农业，促进工商，振兴教育，强化中央集权，严惩贪官污吏，抗击外族侵略，总算让明朝初期出现了繁荣安定的政治局面。

有如此荣耀的一生，而且又活到了71岁，朱元璋是没有什么遗憾的了，所以他说：

"今得万物自然之理，其奚哀念之有。"

接下来，朱元璋又对大明帝国的未来做了安排，把自己一手创建的帝国交到长孙朱允炆手中。他希望朱允炆能够独当一面，将这份家业发扬光大。这不能不说是朱元璋的奢望。谁能预测未来呢？朱允炆最终不还是被叔叔朱棣赶下了皇位？

最后，朱元璋对自己的身后事又做了安排。他不希望因为自己的死而劳民伤财，所以嘱咐后人要按汉文帝丧葬的规格给自己下葬。不要大修陵墓，不要妨碍民间的婚丧嫁娶，各藩王也不要来京奔丧，以免浪费人力、财力。

朱允炆答应——照办后，6月24日，朱元璋才终于心满意足地闭上了眼睛。大明王朝的缔造者，告别了他一手创造的帝国，离开了他所热望的继承人和满面笑容的臣民，结束了他一生的恩恩怨怨，了却了许许多多的是是非非。

朱元璋死后，朱允炆继位为帝。这位年轻的皇帝一切遵照祖父的安排，丧事一切从俭，长祭仪物没用金玉，也没有大修陵墓，天下臣民哭临三日便除去丧服，没有妨碍民间的婚丧嫁娶，镇守各地的藩王也没有临国都奔丧。

朱元璋谥号高皇帝，庙号太祖。永乐元年（1403），谥圣神文武钦明启运俊德成功统天大孝高皇帝。嘉靖十七年（1538），增谥开天行道肇纪立极大圣至神仁文义武俊德成功高皇帝。

朱元璋生平大事年表

1328年10月21日，朱元璋出生于濠州钟离之东乡（今安徽省明光市赵府村跃龙冈）一个贫苦的农民家庭。父亲朱五四（后改为世珍），母亲陈氏。朱元璋初用名朱重八。

1330年　因战乱贫乏，朱家全家迁到凤阳县临淮镇汤府村。

1339年　朱家又迁到太平乡独家村，结识徐达、汤和等伙伴。

1344年　淮北大旱，继以瘟疫，父、母、长兄等皆病死。秋，朱元璋入皇觉寺为行童，后云游淮西颍州一带。

1348年　云游后回到皇觉寺。

1352年　郭子兴等人在濠州起义，朱元璋投到郭子兴部下为兵，并由朱重八改名朱元璋。娶郭子兴养女马秀英为妻。

1353年　攻下定远，下滁州，招募新兵。

1354年　元军围攻六合红巾军，朱元璋设伏大败元军，占领六合。

1355年　小明王韩林儿封郭子兴为滁王，朱元璋为副帅。郭子兴病故，其子郭天叙为都元帅。不久，朱元璋联合巢湖水军强渡长江，直取采石，继又攻下太平（当涂县）。

1356年　攻下集庆，改为应天府。

1357年　占领长兴、常州、宁国、江阴、常熟、徽州、池州、扬州等地。

1360年　陈友谅率军攻打应天，朱元璋大败之。

1361年　攻陈友谅于江州，陈友谅奔回武昌。

1363年　陈友谅大举攻洪都，朱元璋与陈友谅大战于鄱阳湖，陈友谅中流矢死，其子陈理突围奔回武昌，朱元璋亲往围之。

1364年　陈理投降，朱元璋自立为吴王，建百官。

1365年　以徐达为大将军，进攻江北、淮东张士诚之地，取泰州及高邮。

1366年　徐达等攻下淮安、濠州、宿州、徐州等地，淮东悉入朱元璋领域。后又命徐达、常遇春攻张士诚根据地，连下湖州、杭州，大军进围平江。遣廖永忠除掉小明王韩林儿。

1367年　徐达攻破平江，俘虏张士诚。以徐达为征虏大将军，北伐中原。

1368年　朱元璋称帝，国号大明，建元洪武。下南北两京诏，以应天为南京，汴梁为北京。

1369年　立凤阳为中都。

1370年　命徐达、李文忠等分道北征。封诸子为王，大封功臣。

1371年　命汤和、廖永忠率舟师由东路入川，傅友德率步骑由秦陇取蜀。明升出降，夏亡。

1373年　颁《大明律》。

1374年　李文忠、蓝玉大败北元军。

1376年　改行中书省为承宣布政使司，设左右布政使各一人。

1378年　下诏撤销北京、中都建置，升南京为京师。

1380年　以擅权诛杀左丞相胡惟庸，坐其党死者甚众。

1381年　命傅友德、蓝玉、沐英征云南。元梁王自杀，云南平。

1382年　皇后马氏卒。

1385年　除掉徐达。郭桓案发，诛杀数万人。

1392年　皇太子朱标病死，立长孙朱允炆为皇太孙。

1393年　诛杀凉国公蓝玉，功臣死者甚众。

1398年6月24日，朱元璋卒，年71岁。皇太孙朱允炆继位，是为建文帝。